子育て電話相談の実際

聴くことからはじめよう

一般社団法人　東京臨床心理士会 編

創元社

　　　　　　　序　　文

　家族力、育児力の弱体化が指摘されて久しいが、東京臨床心理士会では
いち早く2001年5月に、子育て支援活動の一つとして、「こども相談室」
を立ち上げられた。その活動は発展しつつ継続して現在に至っている。全
員の相談員がボランティアによる臨床心理士である。この活動が立ち上げ
られた当初、相談員を志望される方々が集われた研究会に数回、私もうか
がった。どうしたら質のよい支援を行えるかについて、皆様が本当に真摯
に考えておられることに感じ入ったが、ご一緒に研鑽し合ったあの熱気を
帯びた空気が今でも懐かしく思い出される。
　子育て相談の中心は電話相談であったということであるが、十数年の実
践をもとに、子育て電話相談の原則とそれを展開する技法とが文章化され
て結実したのが本書である。本書には次のような特色がある。①電話相談
の特質とは何か、この特質をどのように活用するのかがわかりやすく解説
されている。②直接会うことのない、電話を通して語られる親と子のそれ
ぞれのありよう、家族関係の特徴、子どもの状態や発達をどう理解するか、
そのポイントが明示されている。③聴いた内容を、根拠を持って全体像と
して理解し、電話のかけ手に真に裨益するような応答がどうしたら的確に
できるかについて詳述されている。そして、その理解力と応答の仕方、感
性やアセスメント力を磨くためのさまざまなワークが提示されている。④
さらに、時の要請に応えて、東日本大震災に関わる電話相談の事例が紹介
されている。
　電話相談は通常の面接と違って、予約なしに、匿名の、顔の見えない相
手から電話がかかってくる、それも本来は一回限りの電話のやりとりの中
から、相手のニーズに即した応答をすることが期待されている。相手の気
持ちを十分に受け止めつつ、しかも場合によっては相談の内容が電話を通
して自分が応答することが適切な内容なのか、むしろ別の機関に相談する
よう勧めるべきなのか、あるいは別の機関に紹介すべきなのかを即時的に

現実判断しなければならない。また、相手の感情を受け止めて聴くばかりでなく、現実的で具体的に役立つ情報を提供することが望ましい場合もある。見えない対象を全体的に的確に捉えられるアセスメント力が大きく要求されていて、通常の面接に勝るとも劣らない高度な力量が求められている。むしろ電話相談では、心理臨床力の集大成が問われる場合も少なくないと言えよう。

　そういう意味で、本書が「聴くこと」を重視して、その力を高めることにまず重点を置かれていること、そして、その聴く力をどう発揮するかについて、豊富な事例をもとに多面的に解説されているのも、読者に裨益するところ大である。

　なお、「こども相談室」の立ち上げから、この活動に熱心に関わってこられた佐保紀子氏は本書の刊行を待たずにご療養の甲斐なく逝去された。謹んで哀悼の意を表したい。天国で本書をお目通しくださいますように。

　東京臨床心理士会の今後の一層のご発展と本書が多くの臨床心理士はもとより、多くの臨床家に役立てていただけることをこころからお祈りしたい。

　2013年3月

一般社団法人日本臨床心理士会会長
村　瀬　嘉　代　子

まえがき

　東京臨床心理士会が東京都児童会館という大型児童館の中で「こども相談室」を開設したのは2001年（平成13年）のことでした。児童会館には1964年（昭和39年）の開館以来、直営の相談室があったのですが、東京都の事情からこの相談室が閉められることとなり、そのあとを引き受けて東京臨床心理士会が独自に相談室活動をすることになったのです。

　それ以来12年、土・日を含む週5日の開室を心がけ、年間約250～260日、会員のボランティアによる社会貢献活動と位置づけて継続してきました。

　相談活動の中心は電話相談となり、年間1,000件近い相談を聴く、ということになりました。相談内容の多くは本文にもある通り乳幼児を抱えたお母さま方からの子育て相談です。時には虐待をしそうになって悩むご相談や発達障害のこと、また昨今は東日本大震災のあと、放射能の中での子育て不安や家族が離れている悩みなども聞かれるようになりました。「臨床心理士が受ける相談室」ということに意味を見出してかけてくださる相談者も少なくありません。

　知られているように電話相談についてはさまざまな特徴があります。あくまでもかけてこられた方に主導権があり、一回性、匿名性などの性質もあります。そこで「こども相談室」での電話相談により適切に応じることができるよう、会員相互が毎月研修・勉学の機会を設けて研鑽に励んでまいりました。また、研修用のプログラムなどもできました。

　ここに永年積み上げてきた研修の成果をまとめ、本にする機会を得ました。

　この研修を中心となって進めていただいた、会員の故佐保紀子さんに感謝するとともに、この場をお借りして心より哀悼の意を表します。

　本書がさまざまな場で「子育て電話相談」を受けておられる方々に少しでもお役に立てればと考えております。

東日本大震災の影響などを受け、東京都児童会館は2012年3月末に閉館されました。
　「こども相談室」は今、別の場所を得て相談活動を続けております。今後とも皆さまのご支援、ご鞭撻をどうぞよろしくお願いいたします。

2013年3月
　　　　　　　　　　　　　　　一般社団法人東京臨床心理士会会長
　　　　　　　　　　　　　　　　　　　片　岡　玲　子

目 次

序　　文　村瀬嘉代子　i
まえがき　iii

第1章　いまどきの子育て事情 3
1. 現代の子育て　4
2. 児童虐待の変遷　6
3. 子育て支援の展開　8
4. 子育て支援における電話相談の意義　9

第2章　臨床心理士による子育て電話相談 11
1. 「こども相談室」の活動を通して　12
2. 子育て電話相談の目標と基本姿勢　14

第3章　聴くことからはじめよう
　　　　──基本姿勢を生かした電話相談 19
1. 基本姿勢を生かす　20
    (1) 誰が何を問題にしているのか　22
    (2) 今、ここでの気持ちを聴いていく　24
    (3) できることから始めよう──健康度の見立て　26
    (4) 相談者を応援する姿勢　28
    (5) 他機関との連携・協働──他機関を上手に利用する　29
2. 傾聴とアセスメント　30
    (1) 相談に含まれる機能　30

(2) アセスメント　31
　　(3) アセスメントしながら聴くということ　32
　　(4) 電話相談員の「返し」　33
　　(5) 聴くことに含まれるさまざまな行為　34
　3. 相談の進め方　37
　　(1) 援助としての相談――相談者と相談員との関係　37
　　(2) 相談の各段階における聴き方　40

第4章　トレーニングプログラム ……… 47

　1. 聴くことのワーク　49
　　(1) ２つの聴き方の違いを学ぶワーク　49
　　(2) 伝え返しのワーク　53
　　(3) 話し手に教えてもらうワーク　58
　　(4) 具体的な言葉かけのワーク　その１
　　　　――傾聴とアセスメントを学ぶワーク　63
　　(5) 具体的な言葉かけのワーク　その２
　　　　――元気になる言葉かけのワーク　71
　2. 事例検討会　77
　　(1) 事例検討会の進め方　77
　　(2) 事例検討会の実際　78
　3. リラクゼーションと感受性を豊かにするワーク　101
　　(1) リラクゼーションのワーク――簡単リラックス　101
　　(2) 感受性を豊かにするワーク　104

第5章　事例から学ぶ子育て電話相談 ……… 121

　1. 乳幼児期の相談　122
　　(1) 養育相談　122
　　(2) 虐待が心配される相談　125

(3) 母親同士の付き合い方　127
　2．学齢期の相談　130
　　　(1) いじめや不登校についての相談　130
　　　(2) 発達障害についての相談　132
　　　(3) その他　135
　3．思春期の相談　137
　4．東日本大震災に関わる相談　140

資　　料　143
参考文献　166
あとがき　168

子育て電話相談の実際
聴くことからはじめよう

第1章
いまどきの子育て事情

1．現代の子育て

　社会状況の変遷に伴い、「子育て」の事情も大きく変化してきた。1990年に、厚生省（当時）がまとめた人口動態統計で、1人の女性が生涯に産む子どもの数が過去最低の1.57となったことが発表された。これがいわゆる「1.57ショック」である。この1.57ショック以降、「少子化」「児童虐待」「子育て支援」が一般用語として語られるようになった。それに伴い、子育てという極めて個人的で、私的な活動に対し、「子育て支援」として社会全体で取り組むことの大切さが強調されるようになった。

　子育てを巡る社会の状況を見てみると、1960年頃から核家族化、地縁関係の崩壊が指摘され始めている。それは子育ての伝承や学習の困難さ、地域による子どもや子育て家庭へのサポート力の低下などと関連しており、親だけによる「密室の育児」を促進し、子育てに不安やストレスをより抱えやすい状況を生み出してきた。

　この密室の育児の反省から、少しでも多くの情報を得て、多くの人と関わる育児が模索されてきた。並行して発展してきたのが家電を中心とする電子機器類である。社会的には迅速、効率化、簡便性が要求され、情報化時代となってきた。

　今や携帯電話やパソコンがたいていの家庭にあり、これらを人々はいともたやすく操っている。人と人との関わりにこれらが介在することも増え、電子機器で情報を得て、実際に体験したような錯覚に陥りやすい。「井戸端会議」が死語になり、「掲示板」「ツイッター」といったインターネットを介在するコミュニケーションも次々と出てきている。現実生活での体験や人間関係の持ち方そのものが質的に変化している。

　今、こうした世代が親になっている。この時代に子育てをする親の特徴をまとめてみると次のようになる。

　まず、子育てをしていても、子育て前と生活ペースを大きく崩したくないと思う親が多い。かつては、「子どもがいるから」と外出もままならず、装いも構わず家にいるということが多かった。しかし、最近では軽量の持

ち運びのしやすいベビーカーが開発され、公共機関への乗り入れがずっと簡単になっている。また、抱っこひもやおんぶひもも子どもにとって安全で、親にとっても負担なくおしゃれに工夫された商品が出回っている。子育て前と同じように外出したり、友達と会ったりなど、自分の生活スタイルを守りたいと思っている。

　それから、子育てでわからないことがあると、インターネットを利用して、居ながらにして必要な情報を、必要と感じたときにとる親が多い。かつては先輩から、子育て上のわからないことを教えてもらったり、育児百科をひっくり返して調べたりした。先輩との接触の中で、「なるほど」と思ったり、「本当にそうなのか？」と疑問に思ったり、「余計なお世話」と思ったりもした。育児百科を調べてもわからないと、わからないことをそのまま抱えていた。しかし、今、インターネットを利用することで必要な情報を、人間関係を通さず、即時に取得することができ、たくさんある情報の中から自分にとって必要な情報だけ取り入れ、不要な情報は切り捨てることができるのである。これは、「わからなさ」や「不安」「葛藤」を抱えない、多様な葛藤が生じるかもしれない人間関係を回避してしまう、といった特徴とも言える。

　子育てにおいては、親は自分のペースや生活スタイルを崩さざるを得ない。また、子育てには常に「わからなさ」「見通しの持てなさ」を伴う。子どもは未熟なままに生まれ、育っていく。未熟な状態から成熟した状態に育っていく過程である。それには時間がかかる。その間、先の見通しが見えず、不安なまま、それを抱えることになる。どのくらいの間抱えることになるのかわからない。つまり、子育ての過程では、さまざまな不安や葛藤が生じるのは当然のことなのである。

　いまどきの子育てに親の状況を照らし合わせると、親世代の特徴として、「子どもの育ちを待つことができない」といったことも見えてくる。子育ては、すぐには「正解」は出ない。多様な人間関係にもまれ、育まれ、親も子も成長していく。こうした「育ちを待つことの苦手な親」を上手に待つことができるように支える、それが昨今の子育て支援で大切な視点と言えるだろう。

2. 児童虐待の変遷

　子育て事情が変化していく中で大きな社会問題となってきているのが児童虐待である。

　児童虐待への取り組みは、「児童虐待防止法」（以下、旧法と言う）として、1933年（昭和8年）に制定されたことに始まる。当時の「児童虐待」は「『不具畸形』の児童を観覧に供する行為、『乞食』、軽業、曲馬その他の危険な業務」「辻占売、角兵衛獅子などのように戸々に就きもしくは道路において物品を販売する業務、諸芸を演ずる業務、その他芸妓酌婦その他酒間のあっせんをなす業務」と、子どもの「業務」としての使用を禁止することによる虐待防止であった。

　1947年（昭和22年）には児童福祉法が制定された。これは、「18歳未満のすべての子ども」を対象とし、無差別平等、発達権と生活権の保障をするものである。「問題が顕在化しているいわゆる要保護児童のみならず、18歳未満のすべての児童を国及び地方公共団体が子どもの保護者とともに心身ともに健やかに育成する責任を負う」とされ、旧法は廃止された。この児童福祉法は、子どもの「福祉」を初めて明文化したものであり、法制度の歴史にも大きな意味のあるものである。

　その後、少子化、核家族化、女性の労働人口の増加、離婚家庭の増加などにより、地域や家族の子育て機能の低下が叫ばれ、家庭内での児童虐待の問題に社会的な注目が集まるようになった。

　こうした社会的な変遷に伴い、社会で子どもを守ろうという機運が高まり、2000年（平成12年）には超党派の議員立法で「児童の虐待防止等に関する法律」（以下、現法と言う）が制定された。現法は2004年、2007年と対策充実のための見直しがなされ、児童福祉法とともに一部改正されている。

　ここでは、「児童虐待」について、「児童に対する保護者の行う行為」として、以下を掲げている。

- 「身体的虐待」身体への暴行
- 「性的虐待」児童へのわいせつ行為と、わいせつ行為をさせること
- 「ネグレクト」心身の正常な発達を妨げる減食・長時間の放置
  保護者以外の同居人による前記の行為と、その行為を保護者が放置すること
- 「心理的虐待」著しい暴言・拒絶的対応・著しい心理的外傷を与える言動を行うこと

　旧法から現法制定に至るまで、児童福祉法の制定、児童憲章、児童の権利条約の批准と、児童の人権は、より尊重されるようになってきている。子育ては、「児童に対する保護者の行う行為」そのものである。保護者は子どもの人権に配慮しながらの子育てをするように法律上も求めているのである。

　児童虐待の件数については、厚生労働省が1990年度から調査を開始している。全国の児童相談所で対応した児童虐待相談件数は、1990年には1,101件だったが、児童虐待防止法制定前には11,631件となり、2011年には59,919件と増加の一途を示している。その原因として、家庭・地域の養育力の低下、虐待認識の広まりが指摘されている。

　子どもの虐待相談は「通告」で始まる。それは、疑いの段階で通告できる。（「児童虐待を受けたと思われる児童を発見した者は、速やかに福祉事務所・児童相談所に通告しなければならない」（現法第6条））

　この通告は、児童虐待から子どもの命を救うという側面だけでなく、子育てに限界を感じている親をみんなで発見し、適切な子育て支援機関につなげるという側面もあることを忘れてはいけない。

　その証拠に、児童虐待防止法が制定された当初は、子どもの命を救うことが主眼だった虐待防止活動が、今や保護者援助、親支援も重要なテーマとなっている。2004年の法改正では、より身近な区市町村の業務の1つに位置づけられ、現在、区市町村や民間団体で担っている子育て支援は、虐待防止を視野に入れながら展開しているのである。

3．子育て支援の展開

　子育て支援についての取り組みは、国や地方公共団体より先に、乳幼児用品のメーカーや出版社などの民間企業や団体による「赤ちゃん110番」（電話相談）などから始まった。消費者である保護者が子育てに際して考えていること、感じていることを商品に反映させるという事情があったものと思われる。それはとりもなおさず、保護者の感じるストレス、不安を少しでも軽減させる取り組みであり、企業の社会貢献の姿勢であった。
　一方、国や地方公共団体の子育て支援は、女性の権利としての労働保障、子育てと仕事の両立支援など子どもを生み育てやすい環境の整備として、保育所対策から始まる。それが先の1.57ショック以降、関係省庁の設置や少子化対策のための具体的な実施計画である「エンゼルプラン」「新エンゼルプラン」の策定を経て、2002年には従来の子育てと仕事の両立支援に加え、「①男性を含めた働き方の見直し、②地域における子育て支援、③社会保障における次世代支援、④子どもの社会性の向上や自立の促進」と拡充されてきている。
　国、地方公共団体が保育所、ファミリーサポート、子育て広場など「居場所」の拡充に力点を置き、制度や施策といったハード面を整え、民間企業が相談事業といった住民のニーズに沿ったきめ細かなサービスを展開してきたと言えるだろう。
　こうした流れと相まって、虐待が社会問題化するにつれ、2004年の児童虐待防止法や児童福祉法の改正により、虐待防止の観点からも子育て支援はより身近な地域でのきめ細かな取り組み、さらに言えば、国の責任として、官民問わず社会全体として取り組めるような仕組みづくりが求められてきた。こうした機運に乗り、身近なところで、今、湧き起こった不安を少しでも減らし、個々に合わせた子育てニーズを少しでも充足できるように、相談機関も各所で展開されるようになった。
　こうした流れを考えると、子育て支援は、子育てをする親の支援、社会全体で親を支援しようとする取り組みそのものと言える。

4. 子育て支援における電話相談の意義

　子育てにおいて、「わからなさ」「見通しの持てなさ」は常に付きまとう。不安や葛藤を生じやすい状況にある。子どもがいると、親の生活は制限されてしまう。気軽に相談相手を求めて外出ができないのである。

　電話相談は、外出のままならない親にとって、人と容易につながる相談ツールである。

　子育て支援の電話相談を受けていると、受話器の向こうから子どもの激しく泣く声が聞こえてくることがある。相談する母親も悲鳴に近い声で話している。相談員は落ち着いて母親の悲鳴を受け止め、向こうから聞こえる子どもの声も聴きながら、母親の気持ちの余裕の回復を一緒に図ったり、対処法を考えていったりする。

　電話相談は、今、生じた感情に、リアルタイム、双方向、かつ人の声で対応する特徴がある。子育て中の、制限された生活の中で、生の人と関わることで、ホッとしたり、余裕を取り戻したりする。

　ネットを通じても情報は得られるが、逆に多すぎて、どれが適切な情報か判断できないこともある。どれがその個人にあったふさわしい情報なのかわからない場合もある。電話相談では、相談員と話しながら、より適切な情報を相談者自身が選択することも可能になってくる。

　つまり、ネットに比べ、電話相談は、人と人との生身の声によるやりとりなので気持ちの交流ができる。また、リアルタイムに双方向で行う情報交換なので、より適切な方向に調整できる可能性がある。

　電話相談は、子育て中の、制限され、孤独を感じやすい状況にいる親にとって、人の声で応じてもらえ、見守られ、支えられていることを実感できる相談方法である。したがって、電話相談を担当する相談員の「聴き方」「聴く姿勢」は非常に重要であり、それには極めて高い専門性が求められるのである。

第 2 章
臨床心理士による子育て電話相談

1．「こども相談室」の活動を通して

　臨床心理士は、人々の精神的健康の保持・増進・教育に貢献する専門職である。教育・福祉・医療保健・産業等さまざまな領域で住民への心理的支援を行ってきた。

　子育て支援の例としては、2001年5月からスタートした東京臨床心理士会による「こども相談室」の活動が挙げられる。

　「こども相談室」は、臨床心理士会による初めての常設相談室として、東京都渋谷区にあった東京都児童会館で開始した。その後独立して相談活動は10年以上継続している。相談員は全員ボランティアの臨床心理士である。

　ここでの相談の8割以上が電話相談であり、そのほとんどが母親からである。子どもの相談という切り口から、母親自身の悩みも多く語られる。それらを丁寧に聴いていくと、相談者たちは「ホッとしました」「何とかやっていけそうです」「こうやればいいんですね」などと自ら折り合いをつけて電話を切っていく。子育て支援が親支援であることを改めて認識し、親支援を行う上で「傾聴」が基本であり、非常に大切であることを再確認してきている。

　さまざまな相談ツールがある中で、電話相談は「即時即応性」「匿名性」「一回性」「相談者主導性」が特徴として挙げられる。

　「即時即応性」とは、電話相談では、相談者の「今」生じたこの思い（即時）に、「今」人の声で応じる（即応性）ことができるということである。壁に向かって話してもこの混乱した思いは消化しない。温かな人の声が聞こえて、「受け止めてもらえた」と思えて、初めて安心する。この聴き方が大切なのである。面接相談でも「聴いてもらえて安心」との思いは抱かれるが、相談員のいる場所に足を運ばなければならないので、「今、生じたこの思い」に「今、応じてもらう」には少しタイムラグがある。相談者にとって電話相談は、混乱した思いを今、ここにぶつけることができるのである。

「匿名性」とは、多くの電話相談では相談者、相談員ともに名前を名乗らないということを表す。最近では相談員の名前を名乗る電話相談もあるが、「こども相談室」では「臨床心理士が受けています」ということ以外、相談者も相談員も名乗らない。最低限の情報しか得ないで相談関係に入る。相談者にとって誰にも知られたくない悩みでも、個人を特定されることなく、安心して開示して話を続けられるのである。相談員はそういった相談者の思いを大切に丁寧に受け止めることはもちろん、相談員の個人的な価値観に左右されることなく、相談を進める。面接相談では、対面するので、たとえ個人を特定する情報を開示しなくても、声以外に表情、服装、外見、態度といった視覚情報からその人が判断されるが、電話相談では、受話器から聞こえる声、声の表情、息づかいなど聴覚情報しかない。

　「一回性」とは、相談者が特定されることなく受けている相談なので、相談者が再度電話をしてこない限り、相談のやり直しがきかないということである。相談者も相談員も匿名であれば、たとえ聞き覚えのある声であったとしても、初めての電話相談として受ける。電話相談は一期一会であるとも言える。「今」「このとき」に集中して、相談者が「電話相談をしてよかった」と思えるような電話相談をめざしている。

　「相談者主導性」とは、電話をするのも途中で切るのも相談者がその主導権を持っているということである。面接相談では予約制をとっているところが多く、相談時間にも設定がある。さらには相談者の相談内容を相談員がある程度事前に把握している場合が多い。それにより、相談員の側で、どの時間にどの相談員が受けるかなどの相談の枠について配慮ができる。すなわち、面接相談では相談の枠は相談員が設定できる。それに対し、電話相談ではいきなり電話がかかってきて、その電話で初めて相談内容が明かされる。相談者が満足いくまで相談が続けられることが多い。中には途中で切ってしまう相談者もいる。たいていの場合、相談の枠のコントロールは相談員にはできない。

　これら以外にも、電話相談は耳元で会話が続けられるため、お互いの関係性が近くなりやすい、感情をそのまま表現しやすいという特徴もある。面接相談では、聴覚情報以外に視覚情報などもあり、社会儀礼の入り込む

余地が電話に比べて多いため、相談者と相談員との関係性において一定の距離感が持てるという特徴がある。

　子育て電話相談では、日常の家事を終え、家族が誰もいなくなって一息ついたときに、あるいは子育てに疲れ、どうしていいかわからなくなったときに、相談者である母親が自分のいる場から思うままの姿勢で、番号をプッシュするだけで聴いてもらえる。ふと自分に戻ることのできる時間かもしれない。自分に戻ったところで自分の思いにぶつかり、抱えきれなくなったときに電話相談が始まる。子育て相談における電話という相談ツールによって、相談者である母親は、あまり手間をかけずに今の思いを相談できる。足を運んでの面接相談よりはるかに簡便な相談ツールであることから、早い段階での相談も可能と言えるし、緊急の相談も可能である。「今、話したい」「今、つらい」という思いに対し、電話相談は有効な手段であり、しかも、子育てで外出もままならない母親にとって、居ながらにして相談できるのは、大きなメリットだと言えるだろう。

2．子育て電話相談の目標と基本姿勢

　電話相談の相談者の多くは、20〜30分、長くて1時間ほどじっくり話をすると、「ありがとうございました」「安心しました」などと言って自ら電話を切っていく。そこに至るまで、相談者と相談員の間にはどのようなやりとりがあったのだろうか。

　ここでは、どのようなことをめざして電話相談を進めていったらよいのか（電話相談の目標）、そのためにはどのような姿勢で電話相談に応じたらよいのか（基本姿勢）を説明する。

　まず、電話相談の目標は、電話相談を終えるときの相談者の言葉から拾うことができる。「聴いてもらってホッとしました」「よくよく考えてみると、大したことではないのですね」「そうか、こうすればよかったのですね」「聴いてもらって勇気が出ました」など。

　つまり、相談者が以下のようになることをめざすのが電話相談の目標と

言えるだろう。

- 少しでも元気になる
- 問題を抱えながらも日常生活を送ることができる
- 気持ちの余裕を持つことができるようになる
- ヒントをもらえた
- 心理的な支援を得た
- 自信を回復した
- 安心した

　電話相談をしたからといって、問題が解決したわけではない。客観的には電話をする前も後も問題は変わらない。電話をして話すことで、過去にあったことをもう一度思い返し、言葉にしていく。そうすることで相談者は過去にあったことを再度体験する。言葉にしながら相手にわかってもらおうとする。わかってもらうためにはその過去にあったことを整理しながら伝える。その結果、気持ちの余裕が生まれたり、大したことではないと思えたりすることがある。あるいは、相談員の言葉かけやあいづちで安心したり、別の見方を発見したりすることもある。自信も回復したりする。
　相談員は、相談者の「場」に行って問題を解決することはできない。問題の解決は、相談者自身がしなければならない。相談者が自ら問題を解決できるように、相談員は「電話相談の目標」をめざして相談を進めていく。相談員ができることは、丁寧に話を聴くことに尽きる。相談者が「聴いてもらってよかった」と思えるような丁寧な聴き方をしていくことがとても重要なのである。
　では、そのためにどのようなことを大切にして聴いたらよいのか。この点について、何回も電話相談を利用する頻回電話相談者（リピーター）の例を考えてみたい。
　電話相談を行っていると、頻回電話相談者は避けられない。「こども相談室」も例外ではない。
　「こども相談室」には、当然ながら、子どもについての相談が入る。例

えば、障害を持つ子の母親から相談がある。障害特性による子どもの行動で困り切った母親から電話相談が頻回に入ってくることがある。いつも同じような内容で、結論が出ないことが多いので、受ける相談員は、どこをどう返そうかと悩んでしまう。「何とか頑張ってみます」と言って切った相談のすぐ後に、また同じような相談が入ると、相談員は心理的に長い電話と感じてしまい、相談者の気持ちが聴けていないのではないかと反省する。ペースを合わせられないと焦りも出てくる。受けるのに抵抗を感じてしまう。しかし、相談員は丁寧に聴き続ける。それは、相談員は電話を通じてしか、相談者である母親に出会えないが、母親は常に子どもと接している。電話を切った後も母親は子どもを育てなければならないのである。そうした母親の子育てへの思いをどのように援助できるだろうか。そのために丁寧に聴いていきたいと思っている。

　私たちの「こども相談室」では、こうした頻回相談に対し、「相談者はなぜ、相談をしてきているのか」という視点で考えることから始めた。

　母親の訴えている子どもの障害は、今、始まったことでもないのに、なぜ今、電話をかけてくるのだろうか、多くの相談機関があるのに、なぜここを選んでかけてきているのだろうか。相談を続けていると、子どものことをきっかけに、「子どもにこんなに伝えているのに、自分はこんなに頑張っているのに、しつけができない親と周りは自分のことを責めてくる」と母親自身の今の思い、つらさ、苦しさを訴え続ける。

　丁寧に聴き続けると、相談の終わりには「そうですね、何とかやってみます」「聴いてもらってありがとう。少しホッとしました」などと言って自ら電話を切っていく。しかし、同じような相談は繰り返される。「ホッとした」という相談者の言葉から、電話相談の目標を達することができたと思っても、また同じ相談が繰り返されると、受ける相談員としては「相談の進め方を失敗してしまったのではないか」と思わざるを得ない。

　そこで、そうした頻回電話相談者の事例を私たちは1つずつ検討してみた。すると、同じように見えて、少しずつの変化があった。「こういう行動が困る」と言っていたのが、「子どもの行動のせいで自分は周囲に責められる」「子どもの困る行動は仕方がないのに、周囲が許さないのはつら

い」「子どものこういうことが困るけれど、こういう対応をしてみた」「子どものこういうところは困るけれど、こういういいところもある」など、回を追うごとに相談者の視点の広がりが見られたのである。同時に、相談時間の短縮や、「また電話しました。電話しないで過ごせればいいのにね」など、自分と電話相談との関係を振り返る発言も聞かれるようになっていた。このように、頻回電話相談事例を検討することで、聴くことによって相談者の思いが変わっていくことがわかったのである。

「こども相談室」では、頻回の電話相談と同様に、1回だけの電話相談についてもさまざまな視点からの事例検討を重ねている。

そして、それらを以下のようにまとめ、電話相談を受けるにあたっての大切な「基本姿勢」とした。

①誰が何を問題にしているのか
　「誰が」「誰の」「何の」相談かを丁寧に聴き取る。語られている問題行動、疾病、障害だけに焦点を当てず、事例全体の相談者の「困り感」を丁寧に受け止めよう。
②今、ここでの気持ちを聴いていく
　「今」、なぜ「ここに」相談をしてくるのか、「今」「ここで」どのような思いを抱いての相談なのか、相談のニーズを考えながら相談を進めよう。
③できることから始めよう──健康度の見立て
　できていないことだけに焦点を当てるのではなく、「できそうなこと」「できていること」にも触れ、相談者の視点の広がりを支えながら、「できることから始める」ことができる相談にしていこう。
④相談者を応援する姿勢
　常に相談者を応援する気持ちでいる。相談者の抱えていることを一緒に抱えるような気持ちで受けよう。相談者と協働しているような相談にしていこう。
⑤他機関との連携・協働──他機関を上手に利用する
　1人、1機関で抱えず、必要ならば関係機関を紹介する。その場合、

どのように関係機関で相談をしていくかを相談の話題にしてみるなど、日常生活が滞りなく進められるような援助をしよう。

　「電話相談の目標」をめざした電話相談にしていくには、この「基本姿勢」を生かすことが大切である。そのためには丁寧に聴く、その「聴き方」に工夫が必要になってくる。次の章では、この点について詳しく説明していく。

第 3 章

聴くことからはじめよう
──基本姿勢を生かした電話相談

1．基本姿勢を生かす

　「今、話したい」「今、つらい」という思いに対し、電話相談は有効な手段である。相談者は今、湧き起こったこの気持ちを未整理のまま、混乱したまま相談員に話す。相談員は、電話相談を通して、相談者に少しでも元気になり、気持ちに余裕を持ち、問題を抱えながらも日常生活を送ることができるようになってほしいと願う。
　ここでは、子育て電話相談を受けるにあたっての基本姿勢について、もう少し詳しく述べてみる。その具体的な説明の際に、以下の相談事例を用いる。

＊事例　外で乱暴なことをする3歳男児の母親からの相談

（〈　〉内は相談員の言葉）

　3歳の男の子のことで相談なのですが。公園や児童館でお友達のおもちゃを取ったり、たたいたりして……乱暴な性格になったらどうしようかと。もともと、よく動くし、落ち着きがなくて、それに同じくらいのお友達の中では力が強いほうで、いきなりすべり台で押したり、欲しいおもちゃがあると取ったり、危なくて目が離せません。〈それでお電話くださったのですね。〉誰にでも向かっていくので、外へ連れて行くのが嫌になってしまって。〈お子さんを外に連れて行くのが嫌になるくらい。〉はい、外はやめようと思っても、外へ行きたがって、家で大騒ぎをするし。〈外に行きたいって、おうちで大騒ぎ……〉でも、外に行くとなるとすごくうれしそうで、着替えのときもいい子でいてくれるのです。でも、よそのお子さんにけがをさせたらどうしようかと。〈お子さんが喜ぶから、外に連れ出していらっしゃるのですね。〉はい、ずっと追いかけ回さなければならないのですが。〈外に連れて行きたいけれど、お友達にけがさせたらと思うと……お母さん、追いかけ回さざるを得ないのですね。大変ですね。〉

小さいころから夜泣きもあって、夜もぐっすり眠ってくれないし。〈小さいころは夜泣きで、眠ってくれない……〉2歳ごろから力が強くなって、見るものすぐ、手を出して壊してしまう。壊すだけならいいけれど、飲み込んだり、けがをしたり。〈壊して、けがしてしまう……〉（中略）（小さいころから手がかかったという話が続き）〈小さいときから、目が離せず、本当に、大変だったのですね。〉

　今は、「貸して」って言いなさいと教えているのですが、言葉が遅くて、とっさに手が出てしまうみたいで。〈貸してって言いなさいと教えていらっしゃる。〉はい、「じゅんばん」というのも言い聞かせています。〈そうやって教えていらっしゃるのですね。〉前より少しはわかってきたかなと思うところもあって。〈前より少しわかってきた？〉はい、前は誰にでも向かっていったのですが、最近は、よく一緒に追いかけっこをする男の子がいて、その子と戦いごっこみたいにしていることが増えてきたと思います。〈そうですか。〉そういえば、小さい子には向かって行かなくなった……。でも、急に何をするかわからないので、危ないので、目が離せません。〈よくやっていらっしゃいますね。〉（だんだん明るい声になってきていた。）

　休みの日は夫が一緒に遊んでくれます。男の子はこんなものだ、普通だというのですが。〈ご主人も協力してくださる。〉はい、何とか。

　「言葉が増えてきたら、減ってくるよ」と男の子のお母さん友達が言ってくれるのですが、大丈夫なのかと心配です。〈お母さん友達とよく話をされるのですか？〉はい。助けられます。

　言葉は待っていれば増えていきますか。どこか相談に行ったほうがいいでしょうか。近所の子に比べると遅いなと思っていて。3歳児健診に行ったときに、心配だったらどうぞと言われましたが、行くのはちょっと……。〈相談に行きにくいでしょうか？〉相談というと構えてしまって。〈子ども家庭支援センターには遊び場があって、相談ができるところもあります。〉遊び場なら行ってみても……。〈少しずつ慣れていけるといいですね。〉そのほうが行きやすいかもしれません。

　あ、お昼寝から起きたみたいで。ありがとうございました。

この相談を受けた直後の相談員の感想は、以下のようなものだった。「午後からの電話相談で、20分くらいの電話だった。相談者である母親は、おっとりした話し方で、こんな感じの母親が、やんちゃなお子さんを追いかけているのは大変だなと思った。話を聴いていて、母親から、困っていると話しながらも、子どものことが好きで、かわいがっていて、一生懸命子育てをしているという感じがした」。
　私たちの考える基本姿勢は、第2章（17ページ）で述べた通りだが、それぞれをより詳しく、この事例に沿って説明していく。

（1）誰が何を問題にしているのか

　子育て電話相談は、相談者が誰であろうと、「子ども」の問題についての相談をするところである。多くは母親からの電話相談である。しかし、切り口は子どもの問題（疾病性）として電話をしてきても、よく話を聴いていくと、母親自身の悩みや困りごとが語られることが多い。
　誰が困って相談をしてきているのか、何を問題としての相談になっているのか。それを丁寧に聴いて、その「困り感」を受け止めていくことが求められる。
　それでは、事例に沿って考えてみよう。この相談は、「母親が」「3歳の息子の」「乱暴な行動に困って」の相談である。
　まず大切なことは、相談の初めによく話を聴くことである。「誰が」「誰の」「何の」相談をしているのかは、相談者が語る言葉からわかってくる。相談員の質問や言葉の返し方によっては、相談者の一番言いたかったことからずれてしまうことがあるので、留意しなければならない。
　例えば、「公園や児童館でお友達のおもちゃを取ったり、たたいたりして……乱暴な性格になったらどうしようかと。もともと、よく動くし、落ち着きがなくて、それに同じくらいのお友達の中では力が強いほうで、いきなりすべり台で押したり、欲しいおもちゃがあると取ったり、危なくて目が離せません」というところから、友達との関係や相手の母親との関係を問題にしているのか、多動性や落ち着きのなさを問題にしているのか、

子どもの将来の性格を心配しているのか、乱暴な行動をやめさせる方法を知りたいのか、目が離せないという母親自身の大変さを訴えたいのか、などさまざまな問題が想像される。相談員が〈友達関係が心配なのですね〉〈よく動いて落ち着きがなくてご心配ですね〉など、どんな言葉を返すかによって、母親が話したかったこと（「何の」）が明確になる場合もあるが、ずれていくこともある。電話相談では、相談者自身がよくまとまらないうちに電話をかけてくることが多いので、相談員の返し方に影響を受けやすい。「誰が」「誰の」「何の」相談をしているのかを丁寧に聴いて、相談を進めたい。

　また、このような子どもについての相談の場合、相談員は発達の問題、この事例では乱暴、多動、言葉の問題などの疾病性が気になってそこをまずアセスメントしようとさまざまな質問を投げかけがちである。それよりも、母親が困って相談をしたいこと、すなわち「事例性」に着目していきたい。例えば、「お友達のおもちゃを取ったり、たたいたりして……」や「いきなりすべり台で押したり、欲しいおもちゃがあると取ったり」など、衝動性と感じられるところはさらっと流して、〈お子さんが喜ぶから、外に連れ出していらっしゃるのですね〉とお母さんのやっていることを中心に言葉で返している。

　子どもの障害、発達についてのアセスメントは必要だが、それにとらわれると、相談者である母親の気持ちに添えなくなることもあるのではないだろうか。

　相談の目標として、「困り感」が少しでも軽減するといい。だから、この母親の困り感を十分受け止め、母親自身が困り感で動けなくなっている状況から少しでも解放されるような相談が望まれる。

　この母親は「外に行くとなるとすごくうれしそうで」と言い、子育ては大変だけれど息子に対して温かな思いを抱いていると思われたため、相談員は、この部分に注目することが困り感の軽減につながると考えた。

　そこで、相談員は、まず母親のできていることや気持ちを〈お子さんが喜ぶから、外に連れ出していらっしゃるのですね〉〈お友達にけがさせたらと思うと……〉と母親の使っている言葉をそのまま返していった。そし

て、訴えが一段落したとき、〈大変ですね〉〈よくやっていらっしゃいますね〉とねぎらいの言葉をかけた。そうすると、母親のほうからしつけの様子が話される展開になり、相談員とともに、今できていること、これからすることを整理し、相談を終えた。

母親にしてみれば、まだ子どもの行動に困ってはいるが、困り感が軽減したことで、子どもの発達の問題を整理することができ、対応の工夫も考えられるようになった。

このような相談の場合、子どもの発達の課題（疾病性）に着目することもある。その場合も、母親が困っての相談（事例性）であり、困り感を受け止め、十分ねぎらうことを忘れてはならない。

(2) 今、ここでの気持ちを聴いていく

これは、電話相談をしている「今」「ここ」での気持ち、この電話相談にかけてきたことに着目するものである。つまり、電話相談をする問題が今、始まったわけではないのに、昨日でなく今日、今、相談してくるのはどうしてなのかということである。他の相談機関ではなく、この電話相談を選んだのはどうしてなのか。今、相談者の思いはどうなのか。

「今」「ここ」で語っている、相談している事柄は、時間軸上ではすでに過去に起きたことである。過去に起きたことを「今」「ここ」で語っている。「今」「ここ」で語りたい思いが高まっているからこの相談につながっている。相談者は、「今」「ここ」でこの思いをじっくり、丁寧に聴いてもらいたい、受け止めてもらいたいと思っている。

相談者にしてみれば、過去の事柄である相談の中身を語ることによって、「今」「ここ」で改めてそれを体験している。そして、その過去の事柄の「今」「ここ」での体験を自分が言葉に出して話すことと同時に、聴き手に聴いてもらうことで振り返る。そうすることで、将来が開けていく。

こういった、「今」「ここ」に電話相談をしてきた思いを受け止め、「今」「ここ」で展開される相談者の気持ちを丁寧に聴いていくことで、相談者自身の課題が明らかになることがある。

相談員は、あいづちを打ったり、相談者の使った言葉をそのまま返したり（伝え返し）しながら、「聴いている」「理解しようとしている」ことを相談者に伝える。その返し方は、相談者が興奮していれば、ゆっくり、短く、落ち込んでいれば、温かさを加え、落ち着いていれば、相談者の適切な行動のところで返すなど、相談者とのペースを調整しながら行っていく（ペース合わせ）。ペースが合ってくると、相談者はその関係に安心感を抱き、安心して相談事を語ることができるようになる。

　相談者とのペースが合ってくると、相談の訴えが一区切りつく。そこで相談員のすることは、これまでの話をまとめ、相談内容を明確にし、確認することである。ここまでの流れでは、過去の出来事を相談者が「今」「ここ」で再体験している。過去と「今」の混乱を整理することで、「今」できていることが浮かび上がり、それを相談員が指摘し、支持することで、「今、できそうなこと」を相談者自らが考え出すことができていくのである。

　この事例では、どうして「今」かけてきたのかは語られていないが、午後の時間帯で電話の向こうも静かであれば、子どもが昼寝をしているのかもしれない、今日公園で何かトラブルがあり、それが電話をかけるきっかけになったのかもしれないと想像してみる。また、なぜ「ここ」に電話をするのかについては、母親が、直接会ってする相談に対して躊躇があるのではないかと想像できる。相談員は、母親がなぜ「今」「ここ」にかけてきたのかに思いを馳せることで、母親の「今」「ここ」での気持ちを理解しやすくなるのである。

　この事例でも、相談員は〈お子さんを外に連れて行くのが嫌になるくらい〉〈外に行きたいって、おうちで大騒ぎ……〉〈外に連れて行きたいけれど、お友達にけがさせたらと思うと……お母さん、追いかけ回さざるを得ないのですね。大変ですね〉と母親の言葉をそのまま使って返していき、ペースを合わせていっている。母親の気持ちの揺れ動きに添っていこうとしている。そうすることで、母親はじっくり聴いてもらえた体験をすることができる。

　さらに、相談の訴えが一段落すると、「小さいころから夜泣きもあって、

夜もぐっすり眠ってくれないし」「2歳ごろから力が強くなって、見るものすぐ、手を出して壊してしまう。壊すだけならいいけれど、飲み込んだり、けがをしたり」と母親は過去のことを語り始める。このとき、母親は過去を語ることで、過去を「今」、再体験している。そして、過去の苦労を聴いてもらい、〈小さいときから、目が離せず、本当に、大変だったのですね〉と受け止めてもらうことで、母親自身は大変だった過去を振り返りながら、夜泣きはなくなったし、すぐに壊したり飲み込んだりすることは減ってきた、よく自分も頑張ってきたと「今」気づく。聴いてもらうことで、大変な過去が、いい体験として「今」再体験できている。

(3) できることから始めよう──健康度の見立て

電話相談では、相談者のもっている健康性に着目し、適切に返すことによって相談者に気づきを促すことも重要である。健康性とは、精神保健福祉の複合的領域での体の健康を含めたこころの健康のことである。

「こども相談室」の相談者のほとんどは母親である。母親が子どものことを心配して電話相談をしてくる。電話相談の前にも後にも母親は子どもと向き合っており、相談が終わると日常生活に戻っていく。相談員は、母親が相談することで、母親がまた元気に子育てに励んでいってほしいと思っている。母親が、相談が終わった時点で、元気が出たり、ホッとできたりして、相談してよかったと思える相談をめざしている。

なぜ電話相談をしたら、元気が出るのだろうか。電話相談をした、あるいは話を聴いてもらったことで冷静になったり、症状や問題が遠景に遠のき、あまり気にならなくなったりしたという人がいる。こころに余裕が出てくることで、今まで見えなかったものが見えたり、気づかなかったことに気づいたりすることによって、できていることも見えてくる。こうした小さな変化を大切にして、そこを支えて広げていく工夫を相談員は相談の中でしているのである。

それでは、「こころが健康」とはどういう状態を言うのだろうか。私たちが考えるこころの健康には、以下のことが含まれている。

- 他人に相談することができる
- 何とかしたい、何とかしようとする力がある
- 悩みごとを抱えながら日常生活を送っている
- 問題を問題として感じている
- 人の話を聴くことができる
- 考えようとする力がある
- ユーモアや冗談が通じる
- 相談できる家族や友人とのつながりがある
- 新しいことに挑戦する勇気や力がある
- 適切な機関や他人に援助を求めようとする力がある

　とりもなおさず、これらは、その人の生きる強さや力につながっている。相談員は、こうした相談者のこころの動きを見守り、相談者ができていること、気づいていなかったその人の健康性や強さ、力を支えていく。
　事例ではどうだろうか。
　「外に行くとなるとすごくうれしそうで、着替えのときもいい子でいてくれるのです」と母親は子どもの良い面を見つけている。相談員は〈お子さんが喜ぶから、外に連れ出していらっしゃるのですね〉とそこを返している。子育ては大変だけれど子どもに対して温かな思いを抱いていることが感じられる。
　そして、母親のできていることを言葉で返していっている。「今は、『貸して』って言いなさいと教えているのですが、言葉が遅くて、とっさに手が出てしまうみたいで」〈貸してって言いなさいと教えていらっしゃる〉「はい、『じゅんばん』というのも言い聞かせています」〈そうやって教えていらっしゃるのですね〉「前より少しはわかってきたかなと思うところもあって」〈前より少しわかってきた？〉というやりとりが展開している。
　母親自身ができること、できていることに気づき始めると、「前は誰にでも向かっていったのですが、最近は、よく一緒に追いかけっこをする男の子がいて、その子と戦いごっこみたいにしていることが増えてきたと思います」「そういえば、小さい子には向かって行かなくなった……」と母

親が子どもの良い変化を見つけている。

また、子どもを遊びに連れて行くなど毎日の生活を活動的に送っている様子がうかがわれ、父親の協力も得られ、お母さん友達もいる。これらは母親の健康度をアセスメントする指標となる。

小さな変化に着目して、できているところを見つけ、そこから始めることを支持しているのである。

過去の困ったことを「今」受け止め、「今」「ここ」で展開される思いを丁寧に聴いていく。そうすることで、相談者は「今、できそうなこと」を自ら見つけ出し、「困っていること」との付き合い方を自ら発見していくことができるのである。

(4) 相談者を応援する姿勢

相談が終わっても、相談者は変わらず生活していく。相談後も相談者自身が自分で考え選択できる、そうなるように相談員は相談者に寄り添い、応援していく姿勢が必要である。そのために、相談者の困りごとや悩みを丁寧に聴いていく。今まで工夫してきたこと、うまくいかなかったことなどを聴いていくのである。

このときの相談員の姿勢としては、以下のことが考えられる。

> 受け止める／ねぎらう／歓迎する／その人の気持ちに添ったやり方で応援する／相手との呼吸合わせ／間のとり方／話し出すまで待つ姿勢

事例でも、〈そうやって教えていらっしゃるのですね〉〈よくやっていらっしゃいますね〉と支持している。そうしていくうちに、母親の声が「だんだん明るい声になってきていた」と感じられるようになっていった。母親の声が明るく聞こえてきたのは、母親にも余裕ができてきたためであろう。自分のできていることを再確認できた思いもあったであろうし、応援してもらえたことで少しホッとしたと思われる。だから、母親のほうから

父親の協力も得られている、お母さん友達の支えもあるということを思い出している。相談員はそうしたことを確認でき、ホッとできるが、それは相談員だけの確認ではなく、相談者である母親自身の確認にもなったのではないだろうか。だから、安心したように「あ、お昼寝から起きたみたいで」と自分の今の現実に立ち戻ることができ、「ありがとうございました」と電話を切ることができたと考えられる。

「今」「ここ」に相談してきたその思いを丁寧に受け止め、返していくこと、そうした中で小さなできていること、できたことを変化として拾い（健康性を見つける）、返していく。そうすることが相談者の応援につながっていくのである。「こども相談室」で、私たちは相談者である母親の子育てを丁寧に聴いていくと、子どもへの温かな思いに触れ、ホッとする。母親もそれに気がついて安心する。そんな母親を私たちは常に応援していきたいと思っている。

一方、「こども相談室」には頻回相談者がいる。頻回相談者は「この電話相談を利用してよかった」と思わなければ、頻回にならない。それは、相談員が各相談で相談者の良いところやできているところを相談者とともに見つけ、支持してきたから「電話相談をしてよかった」のである。そして、電話相談を上手に利用し、日常の中で、相談してきたことを生かしていけるようになれば、なおよい。頻回相談者については第4章（90ページ）で事例を紹介する。

このように、丁寧に聴いて、できているところや小さな変化を見つけ、返し、応援することが電話相談の基本と言えるだろう。

---

(5) 他機関との連携・協働——他機関を上手に利用する

相談員は、相談者を抱え込んではいけない。必要があれば、他機関への紹介や情報提供、連携を行う。他機関を上手に利用できるよう相談者を支えていくことが重要である。

ただ、相談機関の名称をいくつか提示するだけでは、相談者はなかなか動き出せない。具体的にどの機関で何をしてくれるのか、どのような手順

で相談に至るのかなど、相談者が安心できるような情報を提供したい。

　また、相談者の中にはようやく電話相談にたどり着いたという人も多い。相談員が相談の内容を聴いて、「この相談はここでは担い切れない。別の適切な機関に紹介したい」と思っても、すぐそれを相談者に言うことはできない。というのは、相談者がここにようやく相談をしてきたその思いを大切にしたいからである。その上で、当該の機関に向けて相談者が動き出せるように相談を進める。

　事例では、母親はどこかに相談に行くこと自体に抵抗感があるようである。だからまず電話相談を選んだのかもしれない。そのため、相談員は相談に行く前に遊び場に連れて行くことから始めて、その相談機関に慣れていく方法を提案している。

　また、相談してきたその内容を明確にしながら、それをどのように相談機関に伝えたらよいかを一緒に考えるような相談も考えられる。

　このように、相談者の困り感に寄り添って一緒に考え、他の相談機関を上手に利用してもらえるよう支援していきたいものである。

2．傾聴とアセスメント

　私たちは電話相談に際し、「聴く」ことを通じ、相談者を援助している。いったい、何をどう聴いているのか、それによりどのような援助ができるのだろうか。

（1）相談に含まれる機能

　相談には、「ガイダンス機能」と「カウンセリング機能」がある。相談員は相談に際し、カウンセリングそのものではなく、そこに含まれるガイダンス機能とカウンセリング機能の両方のバランスをとりながら、進めていくことがとても大切である。

　ガイダンス機能には、相談者が求めてきた現実的な問題解決や情報収集

のための知識、情報提供、指導、助言、機関紹介が含まれ、カウンセリング機能は、相談者の思いを受容し、共感しながら、傾聴することである。

どちらも「聴く」ことから入る。この「聴く」はただ聴いているだけではなく、どのような聴き方をしたらよいか、どこまで聴いたらよいか、聴いていることをどう伝えたらよいかといったことまで含まれている。これはまさにアセスメントであり、アセスメントをしながら聴いていると言える。

つまり、「聴く」ことは、どのような聴き方をしたらよいかという点において、アセスメントと切っても切れない関係にあるのである。

(2) アセスメント

アセスメントとは何か。英語ではassessmentであり、和訳すると診断、査定、評価となる。心理領域では診断、検査、査定、評価、見立てとも言われ、司法領域では鑑別、鑑定と言い、福祉領域では判定、診断、見立てともいう。

それでは、このアセスメントを相談ではどのように用いているのだろうか。

私たちは相談を通じて相談者を援助している。相談事を聴いて援助している。相談者に少しでも元気になってほしい、相談事に向き合う活力を回復してほしいと願って、聴いているのである。アセスメントとの関係でいうと、今、語っている問題に目を向けるだけではなく、何を求めて電話相談をしてきたのか（相談者のニーズ）を受け止め、その問題に対応することのできる元気を回復するポイントを探りながら援助していると言える。したがって、アセスメントの対象は、問題要因だけでなく、その人全体の事例性（相談対象者とそれを取り巻くもの全体）となり、それをアセスメントしながら、援助の方向性を提案することになる。つまり、アセスメントは、相談のプロセスにおいて、援助の方向性を確認、調整したりする役割をも果たしているのである。

(3) アセスメントしながら聴くということ

　これまで述べてきたように、電話相談では傾聴が基本であるが、ただ聴いているだけではない。「よく聴いてもらった」と相談者に思ってもらうには、聴き方に工夫が必要である。どこまで聴いて、それをどのように返すかが大切なのであって、それはアセスメントに非常に深く関わってくる。つまり、傾聴とアセスメントは「より縄状態」にあり、切り離すことは不可能である。アセスメントは相談を聴いていく際のプロセスに必要であり、「なぜ、今、相談してきたのか、相談のきっかけは何か」「誰が何に困っているのか、相談をしてどうしたいのか、どのようになりたいのか」「相談の緊急度はどうなのか」などをアセスメントのポイントとして聴いている。

　その上で、「語る本人の強さや力、健康度」「工夫してきたこと、うまくいかなかったこと」「他の家族のサポート力、地域のサポート力」などをアセスメントのポイントとして聴いていき、相談者に返していく。

　つまり、相談者が元気を持って生活できるところをアセスメントしながら、聴いているのである。

　アセスメントしながら聴くということを、もう少し見ていこう。

　先に述べたように、聴くときはただ聴いているだけではない。相談者の話の中のどこを聴いているのか、どのように聴いているのか。そして、「こうして聴いている」ということが相談者に伝わるように聴いている。

　聴くことは、極めて受動的な行為であるが、何もしていないわけではない。あいづち、問いかけ、言葉かけなどの適切な「返し」によって、聴いていることを相談者に伝えている。相談者は、聴いてもらっていると感じると安心して話を続けたり、逆にその聴き方によっては話が続けられなくなったりする。つまり、聴き手である相談員の適切な「返し」により、相談は促進される。相談員の傾聴には適切な「返し」も含まれる。そして、アセスメントが十分にできていないと適切に返せないのである。

　相談者が自分の思いを言葉にするとき、その思いを相談者自身が振り返りながら言葉にする側面と、それを聴いた相談員が適切な言葉を探して相

〈図3-1〉

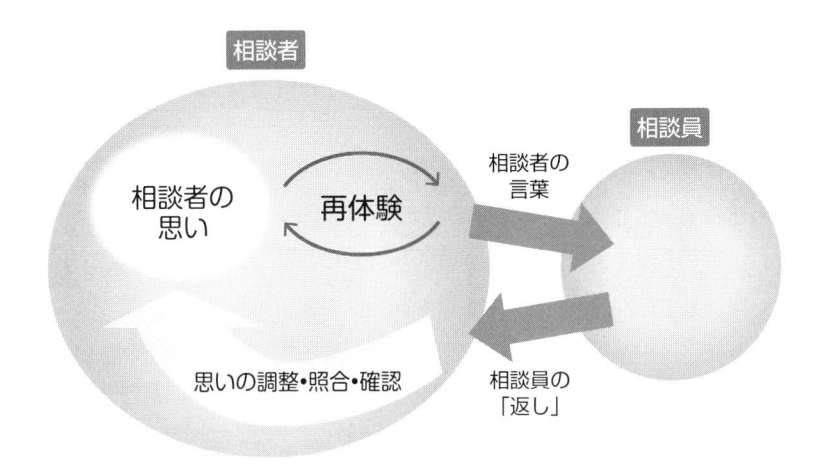

相談者
相談者の思い
再体験
思いの調整・照合・確認
相談者の言葉
相談員
相談員の「返し」

談者に返し、相談者自身がそれを聴いて、改めて自分の思いと照合し、確認する側面とがある（図3-1）。

　語り手である相談者の言葉を聴き手である相談員が受け止める、それを言葉にして返す、あるいは明確にしたいことを問いかけてみる。その「返し」がまた相談者に返っていく。問いかけ、言葉かけによって、相談者は自分の思いと照らし合わせながら、次第に別の課題が見えてくる。絡まった糸がほぐれていくように、こり固まっていた言葉が聴く人の問いかけ、言葉かけによってほぐされていくのである。

(4) 電話相談員の「返し」

　以上を電話相談の関係の中で説明する。
　電話相談は、話し手である相談者と聴き手である相談員の存在があって成立する。
　まず、電話相談では相手の状況がわからない。だから相談者のニーズに合わせて何を援助するかが決まる。
　電話相談は、相談者が自分の好きな場から居ながらにして相談ができる

簡便な相談ツールである。相談者に関する情報は事前にないのが普通であり、そのとき、その場の受話器から通して聞こえる声や音だけが頼りであり、表情や外見は見えない。だから、受話器から聞こえる声、音を通して相談者のニーズを把握していく。相談者には安心して、今、話したいその思いのたけを話してもらう必要がある。そのために、相談員は相談者の話を丁寧に聴きながら、相談者に対して受容と共感の姿勢を示していく。具体的な方法としては、適切な箇所であいづちを打ったり、言葉かけをしたり、あるいは話し手の雰囲気や思いとともに言葉をそのまま返したりして、相談者とのペースを合わせていくのである。ペースが合ってくると、相談者は味方を得た、自分の思いをわかってくれる人がいたと感じ、相談していることでこり固まった思いに余裕が生まれてくる。これが「伝え返し」である。

電話相談では、受話器を通しての声、音しか情報源がないのは相談者も相談員も同様である。したがって、相談者の話を聴く相談員は、ただ黙って聴いているだけでは、相談者に何も通じない。

相談者の語る言葉を聴いて、相談員が適切に問いかけ、言葉かけ、あいづちなどを返すことによって、それを聴く相談者がホッとしたり、新たな課題が見えてきたりする。相談員は相談者の言葉をそのまま伝え返したり、相談者の状況やニーズによっては、何も返さないで聴き流したりもする。

相談者と「ペース合わせ」をしていくにはこの「伝え返し」や「あいづち」が大切であり、相談者の混乱を解くためには、悪循環に陥りそうな言葉を「聴き流す」ことも必要なのである。こうして、相談員は相談者の様子について、どこをどのように返し、どこを聴き流すか、随時アセスメントしながら聴いていく。

(5) 聴くことに含まれるさまざまな行為

「聴く」という行為の中には、「受け止める」「訊ねる／質問する」「聴き流す」がある。

「受け止める」は、言うまでもなく、あいづちや伝え返しをしながら、「あなたの言っていることがわかりますよ」「大変でしたね」「よくやっていますね」といった相談員の思いを伝えることである。そうすることで、相談者は理解者を得た思いから安心して話せるようになる。相談者の思いを受容し、共感の姿勢を伝えることである。

　「訊ねる／質問する」は、やりとりの中で訊ねたり、質問したりする行為であり、「わからないことを聴く」だけでなく、「あなたの言葉を確かに聴いていますよ」というメッセージが含まれている。訊ね、質問することにより、相談者が安心して話せるペースを探る。話したり、聴いたりしながら、それぞれの思いを調整していく。このとき、相談者の言った言葉をそのまま使い、相談員は解釈をせず、判断を加えないことが肝要である。質問が形を変えて別の主張になってはならないのである。ゆっくりと穏やかに聴き、相談者の使った言葉を使って伝え返し、相談員の共感を伝えながら、相談者の相談したいことを明確化していく。折々に感じる相談員の感じ、考えについては、相談者の思いを教えてもらうようなつもりで投げかけ、それぞれの考え、感じを調整していく。

　「聴き流す」とは、相談に不必要な事柄、あるいは相談の目標に進めないポイントをアセスメントし、あえてあいづちや伝え返し、問いかけなどをせず、黙っていることである。「受け止める」が注目を与える姿勢であれば、「聴き流す」は注目を外す姿勢と言える。相談者は自分の思いを聴いてもらいたいあまり、さまざまなことを伝えてくる。それに１つひとつ相談員が対応していくと、悪循環に陥り、相談者が自分の思いにとらわれすぎ、現実検討力を低下させ、結果として相談の進行を妨げることにつながってしまう。その結果、長時間の相談となり、「なぜ、今、ここに相談をしてきたのか」が不明確なまま、現実感が回復しないままその思いを引きずって、相談者は日常生活に戻らざるを得なくなる。そのような場面に遭遇した場合、ある程度返しをせずに聴いた上で、相談者の息継ぎや言葉の切れ目に現実に返るような問いかけをするとよい。

　相談のプロセスで見ていくと、「受け止める」は相談者のペースを感じること、「訊ねる／質問する」はペースの調整、「聴き流す」は相談の方向

の調整をしていると言えるだろう。

　以下に掲げる事例を通じて、「受け止める」「訊ねる／質問する」「聴き流す」を具体的に説明したい（事例の詳細は第４章（52ページ）を参照）。

＊事例　中３息子の言動に悩む母親からの相談

　最近、何かと口答えをする息子。昔はそうではなかったのに。昨日も夜遅くまでゲームをしているから注意したら、「うるせぇ」と言い、今朝起きてこなかった。近頃学校は遅刻ばかり。受験生なのに。何かというと、怒鳴ってきたり、無視したり、顔を見ているだけでイライラする。小さいころは、かわいかったのに。どうしてあんなになってしまったのだろう。育て方が悪いのか。

　相談員は〈中３の息子さんのことですね〉と言いつつ、母親の言葉に〈そうですか〉と、母親の今、伝えたい思いをここですべて受け止めるつもりで、促進的なあいづちを穏やかに返し、ペースを合わせていった。相談したいことを伝えたと思えたところで、〈小さいころはかわいかった息子さんが最近怒鳴ったり、無視したりする。どうしたらよいかというご相談ですね〉と母親の言葉をそのまま用いて相談したいことを明確にした。このとき、「どうしてあんなになってしまったのだろう」「育て方が悪いのか」を聴き流した。母親の訴えが一段落したところで〈小さいころは、どんなお子さんだったのですか？〉と訊ねると、母親は小さいころの思いを振り返り、「あのときはあのときで、食べないといっては心配し、幼稚園でけんかをしては乱暴な子になるのではないかと心配していた。でも、今、思うとかわいかった」と述べた。そこで、相談員は〈小さいころもいろいろ心配した。でも、今、思うとかわいい〉と返した。母親から「子どもの育ちには、その段階ごとに心配はつきものなのでしょうか。受験生だからと心配し、注意するとイラつかれる」と子育て全体を振り返るような発言があったため、さらに視点を広げるように〈そうですね。どうしても親は心配してしまう〉と返すと、「受験がうまくいくようにとの思いは当然です

よね。そのために息子に注意するのは親の役目ですよね」などと自分の考えを整理し始めた。相談員がその都度〈そうですね〉と返していくと、母親は「言うだけ言って、あとは息子に任せます」と結論を出した。〈言うべきことはきちんと伝えるのは親のしつけですよね。そして、あとは息子さんに任せるといいですね〉と相談員は母親の出した結論に応援するようにまとめていった。

3. 相談の進め方

(1) 援助としての相談——相談者と相談員との関係

相談は、導入段階、展開段階、対応段階を経て、終結に至る。

- 導入段階：相談者が話し出す時期。ペースを合わせ、相談者と関係をつくっていく
- 展開段階：相談の内容を明確にしていく段階
- 対応段階：相談を進める段階
- 終　　結：相談のまとめ

この段階ごとに、相談者と相談員との関係について、図3-2を参考にしながら見ていこう。

まず、左に、問題や症状を抱えている相談者がいる。右にいる聴く人（相談員）に語りかける。相談者は、聴く人の存在があることで、語ることができるのである。

導入段階では、相談者が相談員に話すことから始まる。相談者は問題や症状を中心に話す。それを相談員は、相談者の現実の生活を把握できるように丁寧に聴いていく。そのために、相談員は言葉かけをし、受け止め、伝え返し、相談に不必要なことは聴き流し、必要なことは訊ね、相談者の語る言葉をほぐしていく。

さらに、展開段階では、相談員は相談者の抱えている問題に近い感覚を相談者に教えてもらいながら言葉を紡いでいく。そうしながら、相談者とペース合わせをしながら関係づくりをしていく。こうした聴く、返すのやりとりを通じ、問題を明確化していく段階である。このプロセスにおいて相談員（聴く人）は、相談で相談者と協働できるよう、応援する姿勢で臨む。そうしていくことで、問題は外在化され、相談者（語る人）の意味のとらえ直しや気づきを促進する。

　こうして対応段階に入ると、できていることの確認がなされたり、新しい視点の広がりや提案、対応への助言などの展開がなされたりしていく。

　このような相談関係において、相談員の聴き方の大事なところをまとめてみよう。

　基本は、生活の具体的な現実的な状況を丁寧に聴くことである。丁寧に聴くということは、ただ聴いているだけではなく、訊ねたり、聴き流したりすることであり、訊ねたり、聴き流したりするところや方法をアセスメントしているのであり、つまりアセスメントしながら聴くことが肝要である。

　また、問題ばかりにとらわれず、相談者が今できていることや相談者の力（健康度）に注目し、これからできそうなことに焦点を当てて聴く。日々の生活の中の小さな変化を相談者の言葉から見つけ、評価していく。あるいは、できるところを協働して探していく。提案してみる。こうした聴き方は、相談者が自身の思い込みに気づいたり、視点が広がったりすることを援助することにつながる。

　そのためには、相談者の語る言葉を先取りしたり、解釈したりしないで、そのままなぞったり、伝え返したりする。そうすることで、問題の整理やとらえ直しの援助を行う。相談員は、聴きながら相談者が自分の言葉で整理することを援助するつもりで、適切な言葉を返す。

　さらに、相談者とともにある相談を心がける。そのためには以下のような聴き方に配慮することが大切である。

　　１人の人として尊重する／選択を相談者に任せる／相談者に寄り添

〈図3-2〉

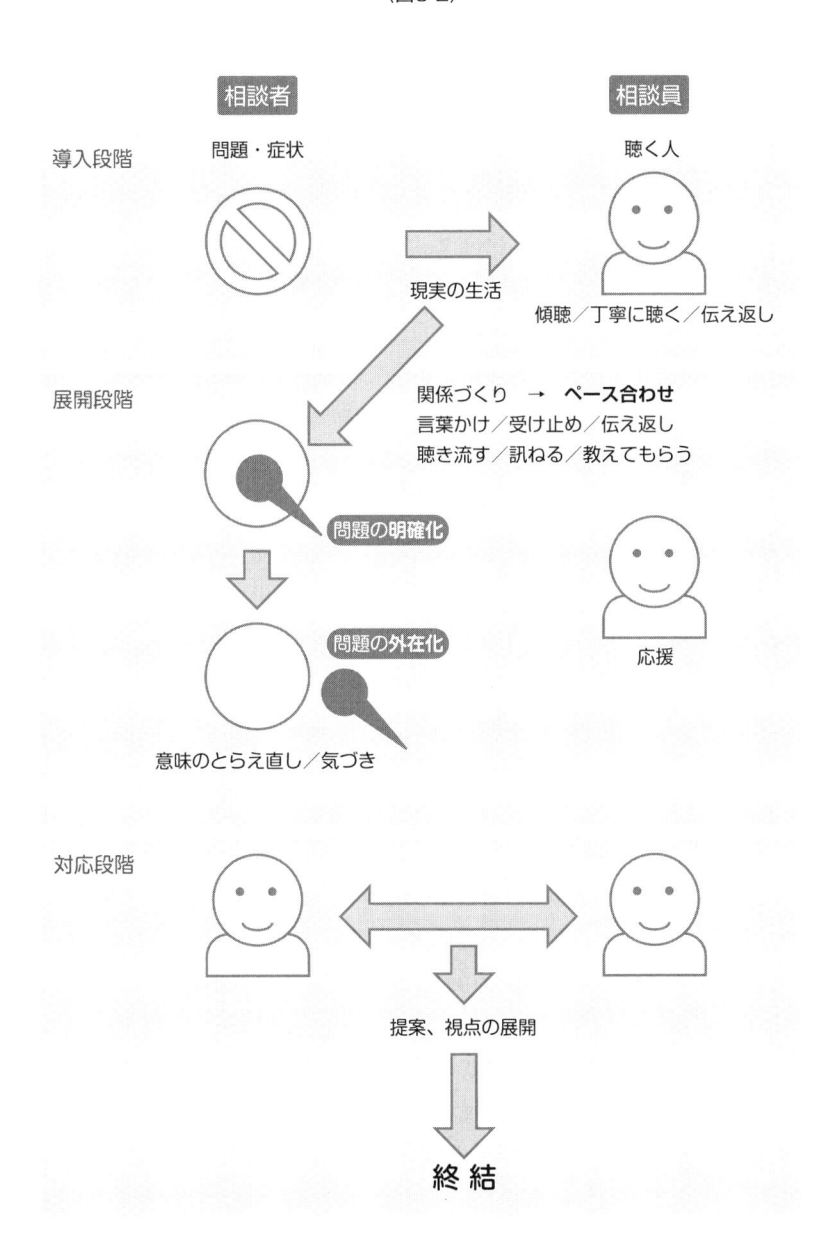

相談者　　　　　　　相談員

導入段階　　問題・症状　　　　聴く人

　　　　　　　　　　　現実の生活

　　　　　　　　　　　　　　　　傾聴／丁寧に聴く／伝え返し

展開段階　　　　　　関係づくり　→　ペース合わせ
　　　　　　　　　　言葉かけ／受け止め／伝え返し
　　　　　　　　　　聴き流す／訊ねる／教えてもらう

　　　　　　問題の明確化

　　　　　　問題の外在化　　　　応援

　　　　　　意味のとらえ直し／気づき

対応段階

　　　　　　　　提案、視点の展開

　　　　　　　　　　終　結

第3章　聴くことからはじめよう──基本姿勢を生かした電話相談　39

う／ねぎらう／受け止める／歓迎する／相談者の気持ちに添ったやり方で応援する／相手とのペース合わせ／間のとり方／話し出すまで待つ姿勢

(2) 相談の各段階における聴き方

それでは、相談を進めていく上で、この聴き方はどうなっているのだろうか。相談の各段階での相談員の居方と、相談のプロセスに沿って、相談員の「聴き手」としての態度と返し方の具体的行動について説明する。

①相談員の居方——相談者との関係づくり
まず、相談が入ると、相談員は相談者ができるだけ安心して話してほしいと思う。相談者の気持ちを感じ、話しやすい雰囲気をつくるためにペース合わせをしていく。このとき、以下のようなことをしながら、相談員は相談者との関係をつくっていく。

- 相手が話し出すまで待つ
- 先入観を持たずに聴く
- 質問はできるだけ控える、立ち入らない
- 原因探しをしない、勝手な解釈や評価、批評はしない
- わからないことはわからないと伝える
- できないことはできないと伝える

②相談の各段階における聴き手の態度、返し方の具体的行動
★導入段階
相談は、相談員が相談者と関係づくりをすることから始まる。まず、相談員は相談者が安心して話せるような配慮をする。そのためには、相談者が語り出すまで待ち、待ちながら、相談者が話しやすい場をつくっていく。語り出したら、相談者の話を丁寧に聴いていく。相談者の語り出した言葉に注目しながら、相談者を受容し、共感的理解をすることを心がける。

この段階で、聴き手である相談員のすることは、あいづちを打つことである。これは、相談者の訴えを理解しよう、受け止めようとする態度であり、このときのあいづちには、これまでの相談者のしてきた苦労に対するねぎらいをも含んでいる。そのねぎらいが少しでも相談者に伝われば、相談者は安心して話を続けることができる。あいづちは、相談を促進する側面もある。

　　＊例　「はい」「ええ」「そうですか」「ああ、そう……」「そう、そうですね……」

　さらに、同意やねぎらいの具体的な言葉を伝えたり、あいづちのあとにそっと問いかけをしたりすることで相談が展開する。

　　＊例　「どうぞ」「なるほど」「本当ですね」「うんうん、そうでしたか」
　　＊例　「よかったですね」「そう、それは大変でしたね」「わかります」「頑張ったのですね」
　　＊例　「ああ、そうなのですね。ということは、こんな感じということですか?」

　相談員は、もっと相談者に話してもらいたい、相談の中身をもっと理解したい、話してもらうことで相談者の気持ちを受け止めたいと思いながら聴いている。そのために、相談員は相手の思いや言葉を、相手の語った言葉のまま伝え返しながら、相談者の呼吸を感じ、相談者との「ペース合わせ」をしていく。ペースが合ってくると相談者は相談員により思いを伝えやすくなる。
　「伝え返し」では、なぞり、言い換え、繰り返しなどを行っていく。例えば、「私は、子どもの対応で困っているのですが」といった相談の場合、以下のような返しが考えられる。

　　＊例　「あなたは今、子どもさんの対応で困っているのですね」

＊例 「子どもさんの対応で、……相談なさりたいのですね」

　相談者は話しながら、自分の言いたいことをまとめていく。言いたいことに近い言葉を探しながら話す。相談員としては、相談者の、何を相談したいのか言えていない言葉、気持ちを聴き取っていく。相談者の語り出す言葉を待つことも大切である。相談者の語り出したい言葉を先取りして奪ってはならない。

　★展開段階
　この段階では、相談員は問いかけをしながら問題を明確化する。アセスメントをしながらの傾聴と質問の段階であり、聴き手としては、語り手に教えてもらう、説明してもらうことを念頭に置きながら聴いていく。
　「今」「ここ」を基本に、相談を聴きながら、相談者の強さ、健康面を見つけ、できていること、小さな変化を大切にしながら支えていく。
　相談者が何を言いたいのか、何を相談したいのかはっきりしない場合もある。相談者の語った言葉を使って、相談の内容を明確にしていく。また、語った言葉を使って、質問し、相談者の訴えを整理しながら進める（明確化）。勝手な解釈や評価、批評は避ける。相手が何を相談したいのかはっきりしない場合、相手の言った言葉で要約して、問題を明確にする。

＊例 「あなたがご相談したいことは、『……』ということでしょうか？」
＊例 「今、一番困っていることは、『……』ということですね」
＊例 「お話をお聴きして、こういうように私は理解しました。これでよいでしょうか？」

　聴いていてわからなくなったら、相談者に説明してもらう。教えてもらう。

＊例 「ちょっとわからなくなりました。『……』のところをもう少し説明していただけますか」

＊例　「お話をお聴きしていて、お気持ちはよくわかります。……について、もう少し教えていただけますか？」
＊例　「1つわからなかったのですが、それはこういうことでしょうか？」

　相談者の訴えが多くなったり、話が長くなったりしたら、間をとったり、相手の言った言葉を並べたりする。相談者の息継ぎに注意し、そこに言葉を入れる。

＊例　「この中で、今、一番相談したいことは何でしょう？」
＊例　「ちょっと待っていただけますか。お母さんの言われた『……』ということは……」

　相談者の立場に立って相談を進めていくためには、具体的な質問が必要な場合がある。質問の仕方には、相談者の考えを聴く「開かれた質問」と、YES／NOで答える「閉じられた質問」がある。

＊例　開かれた質問：「担任のことについて、もう少し説明していただけますか？」
＊例　閉じられた質問：「担任とは、お話されましたか？」

　聴き過ぎない、聴き流すことも大切である。相談者は、相談員が返す言葉を聴くことによって、相談員がどう受け止めているかを知る。同時に、相談者自身が自分の相談したい内容を改めて確認することになる。

＊例　「ええ、そうですね。ところで……」
＊例　「なるほど。では、（別の話題）はどうでしょうか」

　相談者は、自分が話したことに対して、聴き手から返された言葉を自分の中で確かめて、聴き手に理解してもらおうと、「違う」という発言をすることがある。例えば、「そうじゃなくて、こういうこと……」「っていう

か……」「何か違う感じなのですが……」といった具合である。このとき、相談員は、「でも」など相手の言葉をさえぎる言葉は使わない。

★対応段階
この段階では、対話が生まれ、相談を進めていく。相談を進めていくにあたっては、よりよく聴くための言葉かけが必要である。
現実の生活の中でできていることを確認し、できそうなことを探していく。提案してみる。

＊例 「そのことで今まで、どういう工夫をされてきましたか？」
＊例 「今の状態は、元気なときを10としたら、どれくらいですか？」
＊例 「今より元気になるには、何ができたらよいと思っていますか？」

また、相談者の言えていない言葉を、相談員が言葉にして声をかける。何を相談したいのか言えていない言葉、気持ちを聴き取っていく。

＊例 「……ことをなさってきたのですね。頑張ってこられましたね。大変でしたね」

できれば問題点を客観的に確認し、相談者と共有して要約してみる。さらには提案してみるのもよいだろう。

＊例 「……ということは、考えられますか？」

★終結
相談のまとめを行う段階である。

これまでのところを表にまとめたので、参照していただきたい（表3-1）。

〈表3-1〉

相談の段階	聴き手の態度	聴き手の具体的行動	進め方のコツ
導入段階 関係づくり	傾聴 受容 共感的理解	<u>あいづち</u> <u>うなずき</u> <u>伝え返し</u> →ねぎらい 　相談を促進	ペース合わせ 語り出すまで待つ 相談者の言った言葉を繰り返す
展開段階 問題の明確化／外在化	問いかけ／確認 聴く＋質問 アセスメント <u>相談者に教えてもらう／説</u> <u>明してもらう</u>	開かれた質問 話が長くなったり、訴えが多くなったりしたら間をとる 相談者の言った言葉を並べる 「……の中で一番言いたいことは何でしょう」 相談者の言葉で話をまとめてみる 相談者の言えていない言葉や気持ちを言葉にしてみる 「頑張ってきましたね」 「大変でしたね」	今、ここでの問題 受け止める、聴き流す、訊ねる 強さ、健康面を支える、できていること、小さな変化の評価
対応段階 対話が生まれる	具体的言葉かけ 対応の工夫 現実の生活・状況でできていることの確認 どうしたいと思っているのか 別の視点の提示＝視点の展開 提案	言葉かけの例 「今の状態は、元気なときを10としたら、どれくらいですか？」 「そのことで今まで、どういう工夫をされてきましたか？」 「今より元気になるには、何ができたらよいと思っていますか？」	協働作業・応援 一緒に探す 一緒に考える 視点を広げる 選択肢の幅を広げる 新しい方法への援助
終結			

第4章 トレーニングプログラム

この章では、第3章で述べた子育て電話相談における基本姿勢や傾聴とアセスメント、相談の進め方を身につけるために「こども相談室」で実践してきたトレーニングプログラム（聴くことのワーク、リラクゼーションと感受性を豊かにするワーク）と、その内容を実践で生かすための応用編である事例検討会を紹介する。

　まず、「聴くことのワーク」として、「2つの聴き方の違いを学ぶワーク」、次に、相談が進むプロセスに沿って、導入段階の「伝え返しのワーク」、展開段階の「話し手に教えてもらうワーク」と「具体的な言葉かけのワーク」を提示する。

　次に、「事例検討会」では、聴くことのワークで学んだ聴き方を、実際の事例ではどのように用いるか、事例検討を通して確認する。

　「リラクゼーションと感受性を豊かにするワーク」は、相談員の姿勢、態度づくりに欠かせないものであり、よりよく聴くための土台となる。「この人にならもっと話を聴いてもらいたい」と思ってもらえるような聴き手になるためには、相談員自身が心身を整えて、相談者が安心して相談を受けられるようになっておくことが大切である。

　「リラクゼーションのワーク」は、相談員自身の心身を整えるために、また「感受性を豊かにするワーク」は、自分自身を知り、適切なアセスメントのポイントを身につけ、相談者の立場や気持ちを思いやり、共感的に聴く力をつけるために有効と考える。ここでは、「リラクゼーションのワーク」として簡単リラックスを、また「感受性を豊かにするワーク」として、はがきコラージュ、相互フェルトセンス描画法、パステル画を紹介する。

　「こども相談室」では、1回の研修に2時間から2時間半程度を用いている。トレーニングプログラムを行うときには、聴き方のワークはこの順で行い、その後で事例検討会をするとよい。また、「リラクゼーションのワーク」簡単リラックスは、プログラムの初めに入れると心身がほぐれてその後のワークを効果的に行うことができる。感受性を豊かにするワークは適宜取り入れる。これは相談員のリフレッシュにもなり好評である。

1．聴くことのワーク

(1) 2つの聴き方の違いを学ぶワーク

①概要

聴き方は、目的により異なる。ここでは、「助言中心の聴き方（ガイダンス機能を重視した聴き方）」と「相談者の気持ちに添った聴き方（カウンセリング機能を重視した聴き方）」の両方の聴き方を相談事例のシナリオを読んで体験する。

②目的

シナリオを読みながら、相談者と相談員のロールプレイ*注を行い、どのような聴き方が、相談者が聴いてもらえたと思えるのかを学ぶ。

*注：ロールプレイとは、役割演技とも言い、現実に起こる場面を想定して、複数の人がそれぞれ役割を演じ、疑似体験を通じて、ある事柄が実際に起こったときに適切に対応できるようにする学習方法の1つ。

③手順

2人組になり、相談員と相談者の役割をとり、相談事例のシナリオ (a) 助言を中心にした聴き方（ガイダンス機能を重視した聴き方）、(b) 相談者の気持ちに添った聴き方（カウンセリング機能を重視した聴き方）を読み合わせる。

2つを読み終えたら、2人で振り返りを行う。相談者としてどのような聴き方をしてもらうと聴いてもらえたと感じるかを中心に話し合う。1セッションを終えたら、役割を交代してもう一度行う。2セッション終了後に全体で集まり、各グループで振り返りの際に出た感想や気づき、やりにくかった点や疑問点などを発表し合う。

❖タイムスケジュール(2時間程度)

30分	小講義または読み合わせ「『こども相談室』の活動を通して」(12〜14ページ)
準備	グループに分かれる
5分	ウォーミングアップ：簡単リラックス(101ページ)
25分	模擬事例でのロールプレイ：シナリオ1-(a)(15分) 振り返り(10分) 深呼吸をして気分転換をし、役割を交代する
25分	模擬事例でのロールプレイ：シナリオ1-(b)(15分) 振り返り(10分) 深呼吸をして気分転換をする
30分	全体での分かち合い・振り返り

✳シナリオ1 中3息子の言動に悩む母親からの相談

(a) 助言を中心にした聴き方(ガイダンス機能を重視した聴き方)

母　親　中3の息子ですが、最近、何かと口答えをします。
相談員　中3の息子さんのことですね。
母　親　昔はそうじゃなかったのに。
相談員　息子さんの口答えのことを聞かせてください。
母　親　はい、昨日も夜遅くまでゲームをしているから注意したら「うるせぇ」で、今朝起きてこなかったのです。
相談員　夜遅いゲームはよくないですね。朝も起こしたほうがいいですよ。
母　親　近頃学校は遅刻ばかり。
相談員　学校には遅刻しないように言っていますか？
母　親　はい、でもなかなか。受験生なのに。何かというと、怒鳴ってきたり、無視したり、顔を見ているだけでイライラします。
相談員　親に対するそういう態度は思春期で受験生なら、よくあることですね。お母さんもイライラして言い返したりしていませんか。

母　親　ええ……。小さいころはかわいかったのに。どうしてあんなになってしまったのでしょう。育て方が悪いのか。
相談員　育て方が悪かったと思われるのは、どうしてでしょうか。
母　親　そうですね。あのときはあのときで、食べないといっては心配しました。
相談員　食事を食べないということがあったのですね。他には何かありましたか？
母　親　はい。幼稚園でけんかをしては、乱暴な子になるのではないかと心配していました。
相談員　幼稚園でもけんかが多かったのですね。小さいころから乱暴なところがあって、お母さんはうるさく言ってしまうことが多かったのでしょうね。
母　親　はい。でも、今、思うと、かわいかった。
相談員　そうですね。子どもの育ちはその段階ごとで心配が出てくるものです。
母　親　はい。
相談員　親が言い過ぎるのはあまりよくないですよ。
母　親　はい、あまり言わないほうがいいのですね。
相談員　でも、受験がうまくいくように、親はきちんとしつけをしていくことも必要ですよ。
母　親　受験生だからと心配し、注意するとイラつかれます。
相談員　そうですか。イラついているときは、少し距離をとってみて、息子さんに任せるところは任せて、でも必要なことはきちんと注意してみてください。
母　親　わかりました。息子に注意するのは親の役目ですよね。
相談員　そうですね。言うべきことはきちんと伝えるのは親のしつけです。
母　親　はい、わかりました。ありがとうございました。

(b) 相談者の気持ちに添った聴き方（カウンセリング機能を重視した聴き方）

母　親　中3の息子ですが、最近、何かと口答えをします。
相談員　中3の息子さんのことですね。
母　親　昔はそうじゃなかったのに。
相談員　昔はそうじゃなかった……。
母　親　はい、昨日も夜遅くまでゲームをしているから注意したら「うるせぇ」で、今朝起きてこなかったのです。
相談員　そうですか。
母　親　近頃学校は遅刻ばかり。
相談員　夜遅くて朝も遅刻してしまう……。
母　親　そうなのです。受験生なのに。何かというと、怒鳴ってきたり、無視したり、顔を見ているだけでイライラします。
相談員　そうなのですね。イライラする……。
母　親　小さいころはかわいかったのに。どうしてあんなになってしまったのでしょう。育て方が悪いのか。
相談員　小さいころはかわいかった息子さんが最近怒鳴ったり、無視したりする。どうしたらよいかというご相談ですね。
母　親　そうなのですよ。
相談員　ところで、小さいころは、どんなお子さんだったのですか？
母　親　あのときはあのときで、食べないといっては心配しました。
相談員　そうでしたか。食べないのはご心配でしたね。
母　親　幼稚園でけんかをしては乱暴な子になるのではないかと心配していました。
相談員　はい。
母　親　でも、今、思うとかわいかった。
相談員　小さいころもいろいろ心配した。でも、今、思うとかわいい。
母　親　子どもの育ちはその段階ごとで心配はつきものなのでしょうか。受験生だからと心配し、注意するとイラつかれます。
相談員　そうですね。どうしても親は心配してしまいますね。

母　親　受験がうまくいくようにとの思いは当然ですよね。そのために息子に注意するのは親の役目ですよね。
相談員　そうですね。
母　親　言うだけ言って、あとは息子に任せます。
相談員　言うべきことはきちんと伝えるのは親のしつけですよね。そして、あとは息子さんに任せるといいですね。
母　親　そうですね。ありがとうございました。

④留意点
・このワークは、子育て電話相談のトレーニングの中では基礎的なもので、トレーニングの初めに行うのが望ましい。
・ガイダンス機能を重視した聴き方とカウンセリング機能を重視した聴き方では、それぞれ長所も短所もある（30ページ参照）。(a)のガイダンス機能を重視した聴き方では、情報収集のための質問や助言が多くなる。(b)のカウンセリング機能を重視した聴き方では、受け止め、伝え返しが多く、聴き流し（「育て方が悪い」という言葉を聴き流している）も行っている（36ページ参照）。
・ここでは、両方の聴き方を体験し、感じたことを話し合ってもらう。相談員として、普段の自分の聴き方を振り返るとともに、聴いてもらえた感じになる聴き方について学ぶことが目的である。

(2) 伝え返しのワーク

①概要
　伝え返しは、相談の全プロセスで用いられるが、話し始めの導入段階での伝え返しは、ペースを合わせ、相談者との関係をつくっていくのに欠かせない。相談員の態度としては、相談者が安心して話せるように丁寧に聴いていくことが必要であり、そのためには傾聴、受容、共感的理解が大切となる。具体的には、相談者の気持ちを受け止めるためにあいづちを打ち、相手の言葉や思いを伝え返すために、なぞる、言い換える、繰り返すなど

の行動をとる。

このワークでは、実際に話し手と聴き手の役割をとり、事例をもとにロールプレイを行う。話し手は、聴き手の態度や伝え返しにより、話し手自身の気持ちや思いがどのように変化するか体験する。聴き手は、話し手とのペース合わせや、話し手に役立つ伝え返しとはどのようなものかを、体験を通して学ぶことができる。

②目的
- 聴く姿勢を整え、関係づくりをしていく。
- 相談者の言葉の伝え返しについて、事例をもとにロールプレイを通して学ぶ。
- 振り返りシートを使い、聴き手や話し手としての自分の構え・態度について学ぶ。

③手順
「相談の基本姿勢・進め方」「関係づくりと伝え返し」の小講義または読み合わせの後、デモンストレーションにより実習のやり方を共有する。次に3人組になり、聴き手（相談員）、話し手（相談者）、オブザーバー（観察者）の役割をとり、事例を用いてロールプレイを行う。その後、振り返りシートに自分の役割の箇所を記入してからグループで分かち合いをする。1セッションが終わったら、役割交代をしてあと2セッションを行い、全員がすべての役割を体験できるようにする。最後に各グループで話し合われた内容を全体で分かち合う。全体の流れは以下のようになる。

　　小講義または読み合わせ→
　　ロールプレイのデモンストレーション→
　　（ロールプレイ→振り返り）×3回→
　　全体での分かち合い

以下、セッションの各段階について説明する。

★小講義または読み合わせ
　【資料1-1】「相談の基本姿勢・進め方」と【資料1-2】「関係づくりと伝え返し」を使用する（第3章「2．傾聴とアセスメント」「3．相談の進め方」（30～45ページ）を参照）。

★ロールプレイのデモンストレーション
　【資料2】「ロールプレイの実際」、【資料3-1】「伝え返しのワークでの役割のとり方」を用いて説明しながら、実際のセッションと同様に行い、参加者にやり方の理解を促す。デモンストレーションでは、52～53ページのシナリオや実際の相談事例を用いて行う。

★ロールプレイ
- 役割の順番を決める。
- ロールプレイは、役割を交代しながら、3回のセッションを行う。1セッションごとに、役割を順番に交代していく。例えば、1回目に話し手（相談者）になった人は、2回目にはオブザーバー（観察者）になり、3回目には聴き手（相談員）になる。
- 事例は、【資料4-1】から【資料4-3】を用いる。

★振り返り
- 【資料5】「振り返りシート」は1人1枚使用する。
- セッションが終わるごとに、【資料5】「振り返りシート」の自分の役割の箇所に記入してから、聴き手、話し手、オブザーバーの順に、振り返る。
- それぞれが、本人ではなく役（ロール）に対するフィードバックであることを意識して、お互いに今後の活動に役立つように伝える。

★全体での分かち合い
　各グループで振り返りのときに出た感想や気づき、やりにくかった点や疑問点などを発表し分かち合う。

❖ タイムスケジュール（2時間程度）

10分	小講義または読み合わせ「相談の基本姿勢・進め方」「関係づくりと伝え返し」
10分	ロールプレイの進め方、役割の説明
20分	デモンストレーション（やり方についての質問を受ける）
5分	3人グループをつくる ウォーミングアップ ・簡単リラックス（101ページ参照） ・自己紹介
20分	セッション1（事例1） ・静かな時間（2分）＊注 ・ロールプレイ（10分） ・振り返り（5分） ・深呼吸をして気分転換をし、役割を交代する
20分	セッション2（事例2） ・静かな時間（2分） ・ロールプレイ（10分） ・振り返り（5分） ・深呼吸をして気分転換をし、役割を交代する
20分	セッション3（事例3） ・静かな時間（2分） ・ロールプレイ（10分） ・振り返り（5分） ・深呼吸をして気分転換をする
15分	全体で分かち合う

＊注：静かな時間では、3人ともゆったりと呼吸をし、静かな時を持ち、各役割をとる準備をする。

④配布資料

- 【資料1-1】相談の基本姿勢・進め方
- 【資料1-2】関係づくりと伝え返し
- 【資料2】ロールプレイの実際
- 【資料3-1】伝え返しのワークでの役割のとり方
- 【資料4-1～4-3】ロールプレイに使用する事例

- 【資料5】振り返りシート

> **参加者の感想から**
>
> 　デモンストレーション、実際の体験により、伝え返しの難しさや効果について多くの気づきのあったことがうかがえる。
>
> - 聴くことの大切さや、繰り返しの練習が大切だと実感した。
> - 役に立つ研修だった。実践に生かしていきたい。
> - 何回かワークに参加し、何が何でも答えなければという思いを捨てることができた。
>
> 〔伝え返しのワークのデモンストレーションを見て〕
> - 聴き手は、話し手が言葉にならない思いを言語化できるまで、トーンを合わせながら、伴奏している印象を受けた。
> - 聴き手が、慎重に言葉を選んでいる感じが伝わってきた。
> - 伝え返すことで、話し手にたくさん話してもらえると思った。
> - 聴き手の伝え返された言葉により、流れが大きく変わると思った。じっと聴くことを学ばせてもらった。
>
> 〔伝え返しのロールプレイを実習して〕
> - 話し手として、伝え返しの言葉をじっくり聴くとそこから自分の新たな気持ちが出てきた。
> - 具体的な場面をイメージしておいたら話しやすかった。
> - 話し手のときに、静かに聴いてもらうことが心地よかった。
> - 声を出して話してみることや、伝え返しをしてもらうことで、自分の声や話に耳を傾けることができ、考える場を与えてもらった。
> - 話し手の言葉をわかりやすく伝え返したいと思うが、ワーク場面では言葉の選び方が難しかった。
> - 伝え返しにとどまるのは、大変忍耐のいることだと思った。
> - オブザーバーの客観的な意見が聞けてよかった。

(3) 話し手に教えてもらうワーク

①概要

　相談のプロセスの展開段階では、相談員は問いかけをしながら、問題を明確化していく。アセスメントをしながら聴き、問いかける段階であり、相談員は、相談者にその伝えたいことを教えてもらう、説明してもらうことを念頭に置きながら聴いていく。また、「今」「ここ」を基本に、相談を聴きながら、相談者の強さ、健康な面を見つけ、できていること、小さな変化を大切にしながら支えていくことになる。聴き手の具体的行動としては、以下のことが挙げられる。相談者の訴えを整理するために、相談者の語った言葉を使って質問をしたり、確かめたりしながら聴く、相談者の訴えが不明確な場合には、勝手な解釈をせずに、相談者の語った言葉で要約して確認する、相談者の言えていない言葉や気持ちを言葉にして確認する、聴いていてわからなくなったら質問をする、聴きすぎないで聴き流す、訴えが多くなったら間をとる、等である。

　問題を明確化していくためには話し手に教えてもらうことが役に立つが、このワークでは、そのためにはどのような状況でどのような問いかけをするのが有効か、体験を通して学ぶ。

②目的

- 聴き手（相談員）は、話し手（相談者）が言いたかった言葉を教えてもらったり、わからないことを説明してもらったりすることを体験する。
- 事例をもとに、ロールプレイを通して学ぶ。
- 振り返りシートを使い、それぞれの役割の構え・態度について学ぶ。

③手順

伝え返しのワークと同様に行う。

❖タイムスケジュール（2時間半程度）

10分	小講義または読み合わせ「相談の基本姿勢・進め方」「『話し手に教えてもらう』ことについて」第3章「3. 相談の進め方」（37～45ページ）
10分	ロールプレイの進め方、役割の説明
20分	デモンストレーション、および質問を受ける
準備	グループに分かれる
5分	ウォーミングアップ 深呼吸、静かな時間、話し手は事例を読みイメージする
25分	事例1：ロールプレイ（15分）・振り返り（10分） 深呼吸をして気分転換をし、役割を交代する
25分	事例2：ロールプレイ（15分）・振り返り（10分） 深呼吸をして気分転換をし、役割を交代する
25分	事例3：ロールプレイ（15分）・振り返り（10分） 深呼吸をして気分転換をする
15分	全体で分かち合う

④配布資料
- 【資料1-1】相談の基本姿勢・進め方
- 【資料1-3】「話し手に教えてもらう」ことについて
- 【資料3-2】話し手に教えてもらうワークでの役割のとり方
- デモンストレーション用の事例（60～62ページ）
- 【資料4-4～4-6】ロールプレイに使用する事例
- 【資料5】振り返りシート

⑤留意点
　伝え返しのワークと同様に行うが、聴き手は、話し手が伝えたかったことを言葉で教えてもらったり、わからないところを確認したりするという課題を新たに加える。

＊デモンストレーション用の事例
　小２の娘のことで、どう対応したらよいか困っている母親

（下線は、話し手に教えてもらっている部分）

母　親　小学６年と２年の女の子がいます。２人ともタイプが違う。次女のことで話を聴いてもらいたいのです。

相談員　どうぞお話ください。

母　親　娘は早生まれで、小柄でパワーがなくって、体重も身長も標準より下です。食は細いけど、学校は休まないで行っています。２年生になり、給食は以前より食べるようになったのですが、おねしょがまだあるし、学習面でついていくのが大変です。理解するのが遅いというか……。

相談員　小柄なお子さん、おねしょもあって、理解するのが遅い……。もう少し説明していただけますか？（母親の訴えがいくつかあり、母親も困っていることが絞れないように思えたので、もう少し話を聴いてみたいと思った。）

母　親　つい上の子と比べてしまって。上の子は何でもてきぱきやる子で。比べたらいけないとは思うのですが、あまりに違って。もう小さいときから、手のかかる子で。

相談員　はい、上のお子さんとは違っている、手がかかる……。具体的にはどんなところでしょう？（母親の話がよくわからなかったので、もう少し具体的なことを聴きたかった。）

母　親　数字や字にも興味を示さないし。今は書くようにはなったけれども、文章を書くのが苦手で面倒というか、わからないというか。算数も足し算はわかるのですが、引き算がだめなのです。

相談員　文章や算数のことでご心配なのですね。

母　親　まだ２年生なので、のんびりしているだけかとも思うのですが。集中できればやれるようになるのではとも思うのですが。

相談員　まだ２年生なのでのんびりしているだけかと。今、一番困ってお

られることは学習のことでしょうか？（今回相談したいことを確認したほうがいいと思った。）
母親　そうなのですが……、そうではなくて、勉強が遅れている子の補習というものに、うちの子が声をかけられて……。
相談員　補習に声をかけられた。その補習のことをもう少し教えていただいてもいいですか？（母親は補習のことをそれ以上説明する様子がなかったが、相談員としては、そこが母親が電話をかけたきっかけのように思えたので、聴いたほうがいいと思った。）
母親　今までなかったことですが、今度、学校で補習をするというのです。勉強が遅れている子を集めてやるというのです。補習は、今のところうちの子だけみたいです。うちの子は、そういうふうに見られていたのだと思って。
相談員　そうでしたか。
母親　うちの子が勉強で遅れているのか心配で、私も勉強のことをいろいろ言ってしまって……。
相談員　お子さんにいろいろ言ってしまうのですね。ところで、お子さん、何が好きなのかしら？（聴き流して、お子さんとの楽しいことも話題にしたかった。）
母親　好きなもの……。そうですね、プールはすごく喜ぶ。好きみたいです。2年生になって、背は伸びて食事も前より食べるようにはなってきています。でも、人より成長が遅い、あとから伸びるタイプだと思わないと、私も疲れてしまって。
相談員　人より成長が遅い、あとから伸びるタイプと。
母親　でも少しでもさせないと、勉強も自立心も育たないのではとか考えてしまうのです。
相談員　お母さまも頑張っていらっしゃる。
母親　ええ、勉強をもっとやらせないと、と思って。
相談員　家でも勉強を頑張って、学校でも……となるとどうなのかな？勉強はお子さんなりに頑張っているみたいですよね。
母親　そうなのです。私も……親も先生もそんなふうだったら、疲れて

　　　　　しまう……。
相談員　お子さん、疲れてしまう。
母　親　そうですよね。私もそう思わないではないのです。話して、今、気づきました！　親も担任も勉強しなさいとなると……。毎日楽しいことのほうが大事ですよね。前より頑張っているし、勉強も……。そうですよね。担任に勉強は任せて……。
相談員　毎日楽しく過ごせるように……。
母　親　そうですよね。そのほうが大事ですよね。今、気がつきました。そうしてみます。ありがとうございました。

参加者の感想から

　聴き手が伝え返しに加えて問いかけをすると、具体的な状況が明らかになり、話が展開していくことがわかり、気持ちもより受け止めてもらえたと実感している。また、振り返りにより聴き手としての聴き方の傾向も見えてくることがうかがえる。

- 聴き手として、伝え返しだけではなく、問いかけることにより、具体的な状況がわかりやすくなった。
- 現状を具体的に質問すると、そこから話が展開することを体験した。はっきりしないところは質問するほうがよいと思った。
- 話し手として、聴き手に問いかけられると、場面をイメージして話すので、聴き手にもわかってもらえた感じがした。
- 話し手役は、好きなように話せて気持ちを受け止めてもらえて、ホッとした。
- 聴き手の問いかけにより、気づきがあった。とてもよい勉強になった。
- 実際のやりとりをするのは勉強になる。
- 聴き手役をして、振り返りは貴重な勉強の機会だった。やっていると意識化が難しいので、他の2人のチェックで自分のやっている

ことを再確認できた。
- 自分の癖（聴き手として）に対して、自分のとらえ方・話し手のとらえ方・オブザーバーのとらえ方など、多方面からの意見の照合ができて参考になった。

(4) 具体的な言葉かけのワーク　その1
　　——傾聴とアセスメントを学ぶワーク

①概要
　相談員は、電話を受けているときに、相談者の気持ちや思いに寄り添うとともに、話の内容や背景などの具体的な状況を把握し、声のトーンや雰囲気なども感じ取りながら、心の動きや、相談のニーズ、できていること、できそうなこと、周囲の支援の有無などをアセスメントしながら聴いている。このワークでは、傾聴とアセスメントをどのように意識して実際に関わるのか、また何に注目して聴いていくのかを体験を通して学ぶ。

②目的
- 相談の展開・進め方について、事例を使って学ぶ。
- アセスメントをしながら、気持ちに添い丁寧に聴いていく。
- 何に注目するかにより、話の流れが変わっていくことを体験する。

③手順
　傾聴とアセスメント（第3章「2. 傾聴とアセスメント」を参照）の小講義または読み合わせの後、3人グループに分かれて、聴き手（相談員）、話し手（相談者）、オブザーバー（観察者）の役割をとり、模擬事例のシナリオを用いてロールプレイを行う。その後、振り返りシートに記入してグループで分かち合いをする。1セッションが終わったら、役割交代をしてあと1セッションを行い、最後に各グループで話し合われた内容を発表して全体で共有する。

❖タイムスケジュール（2時間程度）

30分	小講義または読み合わせ　第3章「2. 傾聴とアセスメント」（30〜37ページ）
準備	グループに分かれる
5分	ウォーミングアップ
25分	模擬事例でのロールプレイ：シナリオ2-(a)（15分） 振り返り（10分） 深呼吸をして気分転換をし、役割を交代する
25分	模擬事例でのロールプレイ：シナリオ2-(b)（15分） 振り返り（10分） 深呼吸をして気分転換をする
30分	全体での分かち合い・振り返り

④配布資料
- 【資料3-3】傾聴とアセスメントを学ぶワークでの役割のとり方
- シナリオ（64〜70ページ）
- 【資料5】振り返りシート

⑤留意点
- 必要に応じて、講師とスタッフが電話相談のロールプレイのデモンストレーションを行い、受講者に対し、イメージを与える。
- ロールプレイの前には適宜ウォーミングアップを行う（呼吸法など）。
- 3人グループで、2セッションを行う。各人2つの役割をとることになるので、はじめにどの役割をとるかを話し合って決めておく。
- 振り返りは、伝え返しのワークの項（54ページ）で説明した手順で行う。それぞれが本人ではなく役（ロール）に対するフィードバックであることを意識して、お互いに今後の活動に役立つように伝える。

＊シナリオ2　幼稚園年長の子をもつ母親からの電話相談

〔概要〕4月に年長さんになった5歳の男の子。頻尿なのか、3月末ぐら

いから、何度もトイレに行くようになった。病院を受診して検査してもらったが、何でもないと言われた。その後、5月頃に幼稚園でも同じような検査をしたが、何でもないと言われた。幼稚園の担任からは、好きなことをいっぱいさせて様子を見ましょうと言われた。でも2か月経っても、少しもよくならない。このまま様子を見ていていいものかどうか。別の病院に行ったほうがよいのか。何か大きな病気が隠されているのではないかと考えてしまう。さっき行ったと思ったら、また行って、行ってもおしっこの量はほとんど出ていない。どうしたらいいのか。

(a) 子どもの症状・行動に着目して相談を進める場合
（母親の言葉の中の〈　〉内は相談員の言葉）

相談員　はい、こども相談室です。
母　親　4月に年長さんになった5歳の男の子です。頻尿というのですか、3月末ぐらいから何度もトイレに行くようになって、目立ち始めて、近くの病院で検査をしてもらったのですが〈はい〉、何でもないと言われていました。その後、5月頃に幼稚園でも同じような検査をしたのです。そこでも何でもないと言われて、幼稚園の担任の先生からは、好きなことをいっぱいさせて様子を見ましょうと言われてきたのです。〈はい〉でも2か月経っても、少しもよくならない感じで、このまま様子を見ていていいものかどうか、別の病院に行ったほうがよいのでしょうか？
相談員　別の病院に行ったほうがよいのかと思われている？
母　親　はい、何か大きな病気が隠されているのではないかと考えてしまって……。さっき行ったと思ったら、また行くと言って、行ってもおしっこの量はほとんど出ていないのですが……。
相談員　行ってもおしっこの量はほとんど出ていない、頻尿と診断されたのですね。
母　親　そうです。
相談員　お医者さんはどう対応したらよいと言われているのですか？

母　親	特に何も……。幼稚園の担任は、好きなことをいっぱいさせて様子を見ましょうって言われましたけど。
相談員	様子を見ましょうということで、じゃあ、お薬も出ていないのですか？
母　親	はい。
相談員	それで、今まで2か月様子を見られてきて、あまり変わっていないということですね。
母　親	はい。
相談員	それは心配ですね。
母　親	はい。
相談員	おしっこの量はほとんど出ないけれど、またすぐ行くということで、トイレに行く回数はどれくらいですか？
母　親	いつも見ているわけではないのですが、家では1時間のうちに10分も20分も経たないうちに行く感じで、落ち着きがなくなるのです。〈落ち着きがなくなる？〉そうなのです。遊んでいてもモゾモゾして、だけどトイレに行っても全然おしっこは出ないのです。それなのにトイレに行くと言うので、私は「え〜？　また？」と言ってしまうのです。おかしいんじゃないかと思って、別の病気じゃないかとか考えてしまって……。
相談員	落ち着きがなくなるということですが、すぐトイレに行きたくなるというのは、何か遊んでいても、それを中断していくということでしょうか？
母　親	そうなのです。モゾモゾして、落ち着かなくなるというか。今、よく言われている多動というか、何か集中力に欠けるという感じになるのです。他の子のお母さんも「うちの子もそうよ」と言うのですが……。検査では何でもないと言うし、何か別の大きな病気が隠されているのかなとか、他の病院へ行ったほうがいいのかなと考えてしまって。
相談員	そうですね。遊んでいてトイレが近くなって、落ち着かなくなって、集中できなくなるというのは、お子さんにとってもつらいで

すよね。

母親　そうですね。それで、子どもは私が「えっ、また？」と言うと、「ごめんね」って言うのです。こういうことも気になってしまって。何で、ごめんねなんて言うのかとか。私がプレッシャーをかけているのかなとか考えてしまって……。精神科に行ったほうがいいのかなと思っているのです。

相談員　そうですね。もしかしたら、お子さんは何らかのプレッシャーを感じているかもしれないですよね。4月に年長さんになって、来年は小学校ですしね。なるべく早くに精神科の病院かクリニックを受診することをお勧めします。どちらにお住まいでしょうか？

(b) 母親の気持ちに添って聴いていく場合

相談員　はい、こども相談室です。

母親　4月に年長さんになった5歳の男の子です。頻尿というのですか、3月末ぐらいから何度もトイレに行くようになって、目立ち始めて、近くの病院で検査をしてもらったのですが〈はい〉、何でもないと言われていました。その後、5月頃に幼稚園でも同じような検査をしたのです。そこでも何でもないと言われて、幼稚園の担任の先生からは、好きなことをいっぱいさせて様子を見ましょうと言われてきたのです。〈はい〉でも2か月経っても、少しもよくならない感じで、このまま様子を見ていていいものかどうか、別の病院に行ったほうがよいのでしょうか？

相談員　幼稚園の先生は好きなことをさせて様子を見ましょうと言われたけど……。

母親　そうなのです。2か月経ってもよくならないし、何か別の病気が隠されているのではないかと考えてしまって……。〈はい……ええ〉さっき行ったと思ったら、また行くと言って、行ってもおしっこの量はほとんど出ていないのですが……。1時間のうち、10分も20分も経たないうちに行く感じで、落ち着きがなくなって。

今までは家とか幼稚園とかだったのが、お出かけしたときにも行く感じで、何か変わっていないというか……。
相談員　何か落ち着きがなくなって、変わっていない感じ？
母　親　変わっていないというか、毎日同じことの繰り返しで、これでいいのかなと思って……。
相談員　これでいいのかなと……。お母さん、お子さんがトイレに行くときはどう対応しているのかしら？
母　親　そうですね。見て見ぬふりというか……。本人に好きなことをさせてと言われ、私もできるだけ協力してきたつもりですけれど。トイレに行く回数が多くなると、つい「また！」と言ってしまって……。〈ええ〉この間なんか、子どもが「ごめんね」って言うのです……。（沈黙）私があの子にプレッシャーをかけているのか、何か我慢させているのか……。私の言い方がいけないのでしょうか？　あの子のことがわからなくなってしまうのです。
相談員　うーん。そうね。お子さん、ごめんねって言ったのですね。お母さん、そう言われて、プレッシャーをかけているのかなと考えられて。
母　親　はい、私の言い方とかがいけないのかなと……。
相談員　お家ではどんなお子さんですか？　お子さんはお1人ですか？
母　親　下に3歳の妹がいます。妹とは仲が良くないというか、妹は活発で家ではよくけんかをしていますね。けんかになれば、つい上の子を注意してしまう回数が多いのです。そのせいかどうか、上の子は大人の顔色をうかがうというところもあって、それもまた気になるというか……。下の子のほうが女の子だし、かわいいって思えることのほうが多いのかな。
相談員　女のお子さんのほうがかわいいって思える感じで……。さっきお子さんがお母さんに「ごめんね」って言ったっておっしゃいましたよね。お母さんが心配している気持ちがわかる優しいお子さんなのですね。
母　親　ええ、本当に優しいのです。気持ちが優しいのですね。（ハッと気

づいた感じ）うん、気持ちは本当に優しいのです……。〈うん、気持ちは優しい？〉でも、何にでも興味があって、妹が別のことをしているとサッとそっちに気が向くというか、好きなことには集中するのですが……。落ち着かないというか、今よく言う多動というか、何か1つのことに集中するということがないのですね。他のお母さんに聞くと、みんな「うちもそうよ」と言うのですけど。家の中ではDVDを見るときなどは集中するのですけど、〈ええ〉トイレに行きたくなると、モジモジ、ソワソワして落ち着きがなくなって、私はそういう態度も気になって、「もう少し我慢できないの」って言ってしまったりするのです。

相談員　「もう少し我慢できないの」って言ってしまう。

母　親　ええ、精神科に行ったほうがいいのでしょうか？〈えっ？　精神科？〉あっ、そういうふうに私が思ってしまうことがあの子にはプレッシャーになっているのでしょうかね。

相談員　お母さんはどんなふうに思われるのかしら？

母　親　私がいろいろ口出ししてしまっているのかな？　気長に接していくことができずに口出ししたり、いろいろ我慢させてしまっていたりするところもあるかもしれないですね。来年は小学校に入る時期で、幼稚園も年長さんになって。

相談員　そうですね。来年学校に入る時期というと、いろいろ今までとは違う課題も出てくるでしょうしね。自分の気持ちとのずれが出てきているのかもしれないですね。お母さんもお子さんにいろいろ協力してきたとおっしゃいましたけれど。今、トイレに行くことに注意がいってしまいますよね。少し、お母さんと遊ぶ時間をとるとか、好きなことで一緒に何かしてみるというのはいかがでしょう？　もうすぐ夏休みになるし、体を動かしてみるとか……。そういう時間を意識的にとるというか。ところでご主人は、お子さんの様子を何と言っていますか？

母　親　主人は、時期がきたらよくなると言っています。仕事が忙しいし、帰りも遅いですし、ほとんど話せないのです。でも休みの日は、

子どもと遊んでくれていますが。そうですね、私もトイレの回数ばかり注意していて、一緒に遊ぶとかあまり考えていなかったです。何か一緒に遊んだり行動したり、そういう時間をとってみます。そうしながら受診も考えてみます。ありがとうございました。

参加者の感想から

　相談者の気持ちを受け止めながら、状態把握のアセスメントをしていくことや、気持ちや言葉のどこに注目して返すと相談の展開に役立つのかなどを、体験を通して実感していることがうかがえる。

- 対応の違いによって、ストーリーの展開に深み・広がりが出ることに気づかされた。
- 情報提供だけではなく、相談者にどう振り返りの機会を与えられるかも電話相談の重要な役目だと考えた。
- 日常生活のことを聴くことで、問題がありながらも生活できているところに目を向けてもらい、問題解決への可能性を探っていけることを学んだ。
- ちょっとした間の取り方やうなずき、ポイントとなる部分・大事な部分の繰り返しが、相談者に安心を与えていることに改めて気づいた。
- あえて扱わない、取り上げないことで、焦点づけをすることが、ぶれない相談をするために必要と感じた。
- オブザーバーは全体の流れがよくとらえられると感じた。
- 気持ちを受け止めつつも、状態把握のアセスメントが大事だと改めて感じた。
- 傾聴とアセスメントを同時に行っていく作業は、面接場面以上に電話相談でこそ求められているのではないか。
- 気持ちよりも事柄にとらわれる悪い癖を反省した。

(5) 具体的な言葉かけのワーク その2
——元気になる言葉かけのワーク

①概要
　相談者は、電話を終えると即日常の生活に戻ることになる。相談した後でホッとして一息ついたり、具体的なヒントを得て次への一歩を踏み出す勇気を得たりすることができる相談を心がけたい。このワークでは、相談者の気持ちに添えたと思える事例の報告を通して、どのようにしたらそのようになれるのかを、グループ討議により学び合う。

②目的
- 相談者の気持ちに添えたと思える事例の報告を通して事例を共有する。
- 相談者の気持ちに添った聴き方・関わり方を学ぶ。
- 限られた情報の中での言葉かけを学ぶ。

③手順
- 相談者の気持ちに添えたと思える事例の報告を通して、事例の流れを共有する。
- 事例について簡単に質疑を行う。
- 4～6人のグループに分かれる。
- グループ討議の中で、事例について視点の転換や視野を広げる手助けとなるような言葉かけ、元気になる言葉かけを考える。
- グループごとに話し合ったことを発表し、全体討議を行う。

❖タイムスケジュール（2時間の例）

20分	元気になる言葉かけのワークの目的についての説明 事例提供
20分	事例についての質疑
30分	グループ討議

20分	分かち合い（発表）
30分	全体討議・まとめ

④留意点
- 事例の中での対応について批判はしない。
- 私だったらこう問いかける、こう訊ねるという視点で事例を検討する。
- 「こういう言葉はどうだろう」と、事例ではされなかった言葉かけを考えてみる。
- 話し手のこの言葉をなぞったら、伝え返ししたらどう展開するかを考えてみる。
- 相談者の立場に立って相談が展開していくための関わりのポイントは、第3章「3．相談の進め方」を参照。

⑤実践例
「母親自身の悩みについての相談」事例をもとに行った「元気になる言葉かけのワーク」の実践例を紹介する。

＊事 例　小3男児の母親自身の悩みについての相談

(〈　〉内は相談員の言葉)

　小3の男の子ですが、子どものことというより、私の相談になってしまうのですが、いいですか？〈はい、どうぞお話しください。〉子どもが、「お友達がゲームを返してくれない」と言うので、一緒にその子の家に行って返してもらったということがありました。あちらのお母さんは「うちの子が無理に借りたみたいで、ごめんなさいね」と謝ってくれたのです。「お互いにゲームの貸し借りはやめようね」と子どもたちにも言い聞かせて終わったと思ったのですが、その後なのです。あちらのお母さんが「まるでうちの子が盗ったみたいに言われた」とメールで流していると教えてくれた人がいて。もうびっくりしてしまいました。あのときは謝ってくれて、丁寧

な感じのお母さんだったのに、陰でそういうメールを流していると聞いて。それから、そのお母さんのことが怖くなって、外に出るのも怖くなって。

〈それはいつのことですか?〉メールのことを聞いたのは昨日です。〈昨日そのことを聞いて、それで今日お電話をくださった。〉そうです。どうしたらいいのか。そんなメールが流れて何と思われているか、子どもが同じクラスでこれからも一緒ですし、会うこともあるし。〈メールの中傷は気にしないことだと思いますが、いかがですか。〉それはそうですが。〈気にしても仕方がないですし、そういうことは取り合わずに、自分は自分と考えてはどうでしょう。〉子どもの貸し借りのことなのに、もうこんなことになって。主人にも言っていなくて。主人は毎日遅く疲れて帰ってくるので、これ以上私が何か言ったらいけないですし。〈お一人で悩んでいらっしゃったのですね〉はい。(涙声)そのことばかり考えて、昨日は眠れなくて、胸がドキドキして。私はパニック障害があって、最近は良くなっていたのですが、PTAなども苦手なので、なるべく断ってきたのですが、仕事をしていないので、できることはさせてもらっています。お母さん同士の付き合いっていうのが苦手で、それでも子どものことを考えてやっているのですが。〈お母さんは、ご自分のペースでやってこられたのですね。〉また前のように眠れなくなったらどうしようかと。やはり、病院に行ったほうがいいでしょうか。〈ご自分の体調について早く気づかれて、病院に行ってみることも考えておられるのですね。〉やはり、子どももいますし、私が倒れてしまってはいけないと思いまして。聞いていただいて、落ち着きました。ありがとうございました。

＊元気になる言葉かけのワークの例

(A：司会者、B：事例発表者、G1・G2・G3：各グループの発表者。参加者は数名ずつのグループに分かれてグループ討議を行った)

A　　今回は「気持ちに添えた事例」ということで事例を出していただきました。気持ちに添えた事例では、元気になる言葉かけをどのようにな

さったか、学べるところが多いと思います。事例提供者の方からこの事例についての感想などをお聞きしましょう。

B　気持ちに添えたかどうかわかりませんが、最後に、落ち着いたと言ってもらったので事例として出してみました。メールを気にするのは最近の若いお母さんだなと思って、気にしないのが一番とアドバイスしましたが、でもご自分の病気のことを言われたので、簡単に〈気にしないで〉ということではなく、お母さんはすごく苦しんでいるのだと共感できました。記録を読み返していたら、まだお母さんはそこまでついてきていないのに、結構こちらの考えを言っていたなと反省しました。お母さんのつらさがだんだんわかってきてから、気持ちに添えるようになっていったと思います。

A　ありがとうございます。それでは、元気になる言葉かけについてはいかがでしょうか。

B　〈メールの中傷は気にしないことだと思います〉という言葉かけは、元気になってもらえるかと思ったのですが、お母さんの気持ちには添えていなかったようです。

　　　PTAの話のところでは、〈お母さんは、ご自分のペースでやってこられたのですね〉というのは、お母さんのできていることを返せたなと思います。病院については、〈ご自分の体調について早く気づかれて、病院に行ってみることも考えておられるのですね〉という言葉で返しました。〈病院に行ってみるといいのではないでしょうか〉と言おうかとも考えたのですが、やはりお母さんのできているところをお伝えするほうが元気になってもらえるかと思って、こういう言葉にしました。

A　病院に行ってみようか迷っている方に、行ってみてはどうかと言うより、行ってみようかなと考えているお母さんを支持する言葉を返しているということですね。この言葉でお母さんも自分で選択できると感じられたのではないでしょうか。

　　　それでは次に、参加者のみなさんはグループに分かれて、元気になる言葉かけについて、こういう言葉かけができるのではないか、私な

らこういう言葉かけをしてみるといった意見を出し合ってみましょう。

（グループ討議を行う）

G1　私たちのグループでは、メールの話のところで「そのお母さんのことが怖くなって、外に出るのも怖くなって」に対して、〈怖くなったのですね〉と伝え返しをするのはどうかという意見が出ました。もし、そういう伝え返しをしたら、お母さんの怖い気持ちに添えるけれど、逆に、怖い気持ちに焦点を当ててしまって、問題を強調するような流れになるかもしれないという意見も出ました。

　また、「子どもが同じクラスでこれからも一緒ですし、会うこともあるし」という言葉に対して、〈これからもうまくやっていきたいと考えているのですね〉〈お子さんのクラスの付き合いを大事にされているのですね〉と返してみる、という意見が出ました。

G2　このグループで出た意見を発表します。PTAの仕事の話のときに〈お子さんのことを考えて頑張っておられるのですね〉〈苦手だけれどやらなければと思ってやってきたのですね〉などの言葉かけはどうでしょうか。いろいろ話し合いましたが、やはり事例の〈ご自分のペースでやってこられたのですね〉という言葉かけは、しっくりくるように感じました。お母さんが無理をして頑張りすぎないように、今のままでいいんだよというメッセージがお母さんを元気にしているのではないかと思いました。

G3　このグループでは、ご主人も疲れているという話のときに〈ご主人のことも気づかっているのですね〉などの言葉かけはどうかという意見が出ました。「私が倒れてしまってはいけない」というところで、〈お子さんやご家族のことを考えているのですね〉〈お母さんとして、しっかりしなければという気持ちが感じられます〉等が出ました。相談の後に、振り返って考えると言葉が出てくるけれど、相談のときに、相手の言葉にとっさに返すのは難しいと思います。Bさんは、相談の流れの中で元気になる言葉かけをされていて、すごいと思いました。

B 「元気になる言葉かけのワーク」の話し合いはとても参考になりました。また、みなさんにほめてもらって、私自身も元気をもらえました。

> 参加者の感想から
>
> - 電話でどのような対応をし、どのような言葉を使うのかなどについて考えることができた。電話という制限があるからこそできることがあると思った。
> - 改めて相手の話を聴くことの難しさ、繊細さを味わった。相手が何を求めて電話してきたのかを、いろいろな話し方をされる人がいる中でとらえることは難しいと感じた。
> - 相手の最初の一言（ニュアンスも含めて）を書き留めておくというアドバイスがあったが、さっそくやってみようと思う。
> - ワークの参加者が相談を受けている当事者だとしたら？という視点から、考えられる対応をあれこれ出してみるという形のワークは初めてだったが、とても学ぶところが多かった。
> - サポーティブでいい。元気になるための研修なので、ポジティブなところを発表していきたい。
> - キーワードになる言葉がいくつもあり、そのときに適切に反応していれば、もっと違ったやりとりになっていたのだと思う。今後、そうした言葉をさらっと聴き流してしまわないように気をつけること、また、自分が選ぶ言葉も気をつけたいと思う。
> - アセスメントは重要だが、一方で、踏みとどまるというところが整理されて認識できたのが大変よかった。
> - ゆっくり検討するのと実際現場で即答するのは違うが、これからのケースに生かしたいと思った。

2. 事例検討会

　実際の事例において基本姿勢を生かした電話相談を行っていくために、「聴く」はどのように用いられているのだろうか。ここでは、「聴くことのワーク」を行った後に事例の検討を通して学ぶ。

　電話相談の事例検討会ではすでに終了した事例を扱うため、よりよい聴き方を追求するあまり、相談員の聴き方やアセスメントの問題点に注目が集まることが多い。ここでは相談者が満足して電話を終えた相談の事例を「相談者の気持ちに添えた相談」として挙げ、その聴き方やアセスメントの良かったところを基本姿勢に照らしながら振り返る事例検討会を提案する。

　以下に紹介するのは、東京臨床心理士会「こども相談室」で実践してきた事例検討会である。

---

(1) 事例検討会の進め方

①参加者
　参加者は、レポーター、事例検討会参加の相談員のほか、スーパーバイザー（以下、SVと記す）である。

②目的
　事例のどういったことを検討したいか、事例検討会の目的を設定する。この事例検討会では、「基本姿勢を生かした電話相談にしていくための聴き方の確認」である。

③進め方
- レポーターからの報告：まず、記録を参考にしながら、相談の概要を、(a) 相談者に対しての印象やアセスメント、(b) そのアセスメントに対してどのような聴き方をし、相談者に対してどのような対応をした

か、をポイントにしながらレポートする。
- 参加者からの感想：レポートに対し、参加者が感想や意見を述べる。その際、内容はできるだけ上記（a）（b）に絞るようにする。そうすることにより、相談者の様子がいっそう明らかになる。
- SVとの意見交換：それらを踏まえて、相談者についての理解を深めるため、参加者、レポーターとSVとの意見交換を行う。それぞれ新しい視点、具体的な言葉かけなど、工夫できること、気がついたことを話し合う。時には、ロールプレイを用い、実際の会話を再現するなどしながら、それぞれの気づきを促進する。
- 共通理解（SVのコメント）：その上で、アセスメントの視点と対応の工夫について、SVよりまとめる。

（2）事例検討会の実際

ここでは事例検討会の実際を5つ紹介する。事例検討会1から4は、基本姿勢を確認する目的で実施したものであり、事例検討会5は、相談者の気持ちに添えた事例を用いながら、どのような聴き方が良かったのかを振り返る事例検討会である。

（以下、〈　〉内は相談員の言葉、SV：スーパーバイザー、R：レポーター、参：参加者）

＊事例検討会1　発達障害のある息子の学校の対応についての母親からの相談

①レポーターからの報告（相談の概要）

小学6年生の息子で、1年前にアスペルガー障害と診断されました。心配なことがあって電話しました。〈はい、どのようなことがご心配でいらっしゃいますか？〉来週、修学旅行があるのですが、班長を引き受けてしまって……。〈はあ、班長を……〉ええ、息子は話し合いをまとめるのがすごく苦手ですし、班で決めたルールを守らない子をいつまでも怒ったりします。

〈はあ。〉見た目は普通の子と変わらないし、勉強はそこそこできるから、本人が苦手なことが周りにはわかりにくいのです。それで頼まれると何でも引き受けてしまい、しんどくなって、家に帰るとパニックを起こして、学校も時々休むはめになるのです。〈そうですか、苦手なのに引き受けて後でしんどくなる……〉ええ……。だから今回班長は辞めさせたい。〈旅行は行かせたいけれど、班長は辞めさせたいのですね？〉はい、そうなのです。

〈そのことについて担任の先生はどのようにお考えでしょうね？〉昨日、「何事もチャレンジが大事」と言われてしまいました……。実は息子の障害がわかってから、特別支援学級の通級クラスに週1回通い始めました。そして、通級の先生と担任の先生で学校での対応について話し合ってもらいました。でも、担任や学校の先生方は発達障害の勉強はよくなさっていますが、うちの子が何に苦しんでいるのか、なかなかわかってもらえません……。

〈そうですか、先生方になかなかわかってもらえない……〉ええ、今不登校になるぎりぎりのところです……。〈何とかわかってもらいたいですね……〉そうなのです。通級では、子どもの特徴に合わせて指導してくださるので、息子は楽しみに通っています。でも担任の先生との連携がいまひとつで……。担任の先生は悪い人ではないので、本人も嫌いではありません。〈はあ。〉でも「やればできる子だから」と……。苦手なものを克服させようとする気持ちはありがたいけれど、息子は自分では断れません。先生は親が過保護だと思っていると思います……。

〈親は過保護だと思われている。何とかこちらの気持ちが伝わる方法があるといいですね。〉ええ……。（沈黙）〈お母さんはやれることはやってきたように思いますが……〉はい、実は昨日の話し合いに、通級の先生に同席してくださるように頼んだのですが、時間が合いませんでした。〈頼んでみたのですね。〉ええ、でもお忙しそうなのであきらめました……。〈そうでしたか……〉ええ……。（沈黙）

〈確認なのですが、修学旅行でお子さんにどんなことを経験させたいのでしょうか？〉できるだけみんなと同じ経験をさせたい。でも不登校になるのだけは避けたいのです。〈どんな方法があるでしょうね……〉（沈黙）〈今

から班長を変えてもらうのは現実的に難しそうですから、副班長をつけてもらうとか、先生のサポートを頼むとか……もしかしたら、先生は既に何か方策を考えておられるかもしれないですね。そのあたりを聞いてみるのはどうでしょうか?〉そうですね、それなら子どももやれるかもしれないですし、週明けにもう一度、先生に話してみます。

②参加者からの感想

SV　はじめに参加者のみなさまからの質問や感想をお願いします。
参　このお母さんの印象を聞かせてください。
R　はじめから、子どもに発達障害があることを、比較的落ち着いたトーンで話されていました。
参　聴くときにどのようなことに気をつけていましたか?
R　障害については当事者の母親だけに、相談員よりも詳しい面があると思い、必要以外の問いかけをせず、今この電話で何を相談したいのかに着目して聴いていきました。
参　電話を終えてみての感想は?
R　最後のほうで声のトーンに柔らかさが感じられたのでホッとしました。

③SVとの意見交換（基本姿勢に沿っての相談員の振り返り）

〔今、ここでの気持ちを聴いていく〕
SV　このお母さんは、はじめから子どもに発達障害のあることを明らかにし、その上で、今、困っていることを前面に出して相談してきましたね。この時点では、どのように相談を受けようと思いましたか?
R　はい、割と落ち着いた感じだったので、母親のペースに合わせてこちらも落ち着いて、語られた心配事をまずは共有しようと思いました。
SV　はじめのほうは、あいづちを打ったり、相談者の言葉をそのまま伝え返したりすることで話が進み、相談の内容が徐々に明らかになりましたね。ペース合わせがうまくいき、お母さんは相談員が話を聴いてくれていると思われたのでしょう。その流れの中で、お母さんの話から「話し合いをまとめるのが苦手、班で決めたルールを守らない子をい

つまでも怒る」「苦手なところが周りからはわかりにくい、何でも引き受けて後でしんどくなる」という子どもの具体的な困り具合が見えてきましたね。

R　はい、ここで話の一区切りと思ったので、お母さんの思いを〈旅行は行かせたいけれど、班長は辞めさせたいのですね？〉とまとめて返しました。

SV　ここで、今までの話をまとめて相談者の思いを明確化しましたね。その後も適宜、あいづちや伝え返しを入れながら進めていますが、話を進めるのに役立っていると思います。

〔できることから始めよう──具体的な言葉かけ、提案〕

SV　次に話の展開点になるような、いくつかの具体的な言葉かけをしていますね。それらの言葉をそこに入れた理由を聞かせてください。

R　はじめの話の一区切りのあとで、〈そのことについて担任の先生はどのようにお考えでしょうね？〉と聴いたのは、今、問題となっている場の関係者（担任の先生）のことを教えてもらい、状況の理解に役立てようと思ったからです。また、お母さんの「なかなかわかってもらえない」という言葉には、裏の気持ちを推し量って、〈何とかわかってもらいたいですね……〉と前向きの言葉に変えて返しました。そうしたら、「先生は親が過保護だと思っている」と気持ちを話されたのですが、そこはあえて取り上げずに伝え返しにとどめて、〈親は過保護だと思われている。何とかこちらの気持ちが伝わる方法があるといいですね〉と返しました。その後、〈お母さんはやれることはやってきたように思いますが……〉と伝えると、やったけれどもうまくいかなかった取り組みについて話されましたが、うまくいかなかった例だったので、あきらめムードになり沈黙してしまいました。

SV　沈黙の間、相談員はどのような心の動きをしていたのですか？

R　何かよい方法はないものかと話の全体を振り返り、相談当初のお母さんの「旅行は行かせたい」との前向きな気持ちを思い出して、〈修学旅行でお子さんにどんなことを経験させたいのでしょうか？〉と先に

つながる問いかけをしました。

SV　その問いかけにより、「できるだけみんなと同じ経験をさせたい。でも不登校になるのだけは避けたい」というお母さんの気持ちを両者で改めて共有できて、可能な方法を一緒に考える方向に一歩進んだのですね。そして相談者の提案がお母さんに受け入れられる形で収まりました。

④共通理解（SVのコメント）

　どのような相談でも、相談者のニーズに合わせて聴いていくことが大切である。この事例は、お母さんが落ち着いており、はじめから心配事が明確だったこともあり、今、ここでの気持ちに焦点を当てながらも、心配事に添って丁寧に聴いていくことができた。あいづちや伝え返しをして相談関係をつくり、中盤からは、話の展開を目的に、周囲の関わりの具体的な状況を確認したり、相談者の気持ちを言葉にしたりして、方策が見つからず行き詰まったときには、相談者から見えない視点を提示して、新たな展開へと進めることができた。相談員の役割は、相談者の語った言葉を吟味して伝え返すこと、前向きな発言を取り上げること、同じ場を共有している中で、新たな視点を見つけて提供すること、提案することであり、それらが生かされた事例と言える。

＊事例検討会2　小1男児の友人関係についての母親からの相談

①レポーターからの報告（相談の概要）

　初めての相談です。〈はい、どのようなことですか。〉公立小1の息子の友達関係の相談です。息子はすごく体を動かすのが好きな活発な子なのですが、息子だけ違う保育園からの入学で、入学当初、友達が少なかったのです。息子は「嫌だな」と言いながらも登校していて、6月の運動会は張り切ってやって、友達もできて一安心していたのです。でも、終わってから元気をなくし、以降は自分の気持ちを奮い立たせるように学校に通っていました。そのころから放課後もあまり遊ばなくなって……。この間、授

業参観があって、周囲に気をつかっている息子の姿を見て、気になって。〈お子さんの様子が違ってきたことに気づかれた……〉はい、それで息子に聞いたら、息子は強い子のグループにいるようで、「消えろ」とか「遊ばない」とか言われたらしく、自信をなくしたようなのです。〈うん……〉そこで、担任に面接のときに話しました。そうしたら息子とその子の話し合いをセッティングしてくれて。〈担任の先生に相談されたのですね。〉はい、はじめは迷いましたが、やはり相談してよかったです。子どもはまた遊び出したので。〈迷ったけれど、お母さんが思い切って相談されて、いい方向にいった。〉はい。学校のことでも「どうだった？」と聞くと「別に」とか言って、いろいろ話してくれるときもあるけれど、話さないときもある。話してくれたときに、しっかり聞いていればいいのでしょうか。〈お子さんが話したときは、しっかり聞いてあげている。〉はい、できるだけそうしようと。〈お子さんの話を聞いてあげようと、心がけていらっしゃるのですね。〉はい。

　それで、私自身ジレンマがあるのです。今は互いに行き来して、グループで遊ぶことも出てきましたが、息子は見ていると楽しくなさそうなときもあるのです。息子は一人っ子で、何か言われると泣いてしまう。遊びに行った先から泣いて帰ってきたこともあるのです。でも次の日、息子はその子を誘って遊ぶ。嫌なら誘わなければいいのにと思ってしまうのです。歯がゆい……。どうしたらいいか。〈お母さんは歯がゆい……〉もっとこうすればいいのにといろいろ思ってしまう。〈お母さんは、こうなってほしいと思っている。〉はい、私はずっと仕事をしてきたのですが、今、妊娠中で、この４月に仕事を辞めてから、急に息子のことが気になり出したのかもしれません。保育園でもいろいろあって……。仕事をしていたときは、そんなこともあるのかなと思えたのですが、今は……。〈お仕事をしているときは、そんなこともあるのかなと思えていた……〉はい、息子は自分でいろいろ模索中なのかもしれませんね。〈息子さんは自分で模索中……〉私の問題なのかもしれません。仕事をしていたときみたいに、息子のことばかり気にしないで……。そうです、仕事を辞めたらやろうと思っていたことがあったのです。〈やりたいことがあった……〉はい、資格の勉強をしようか

と。〈そうですか。〉そうでした。自分のやりたいこともやって、それなら、見守ってやっていけそうです。

②参加者からの感想
参　このお母さんとの相談はどのような感じでしたか。
R　このお母さんは、はじめは不安そうで緊張しているような口調で話していました。友達関係と言いつつ、何を相談したいのかわかりにくいと思いました。
参　聴き方で留意したことがありましたか？
R　何を相談したいのか、相談員としても戸惑いはありました。しかし、お話の中から、お子さんのことをよく気にかけている様子が伝わってきたので、自信を持ってもらえるように、支持的にお話をうかがうように心がけました。
参　後半になって、相談のトーンが変わったように思いましたが。
R　はい、後半になると、お母さんがご自分から気づいたことを話されるようになり、こちらがお母さんについていっている感じになりました。最後には、本来のこのお母さんの元気さを思い出してくださったように思えました。

③SVとの意見交換（基本姿勢に沿っての相談員の振り返り）
〔できることから始めよう──健康度の見立て〕
SV　小1の息子さんの友達関係についての相談ですね。はじめはお母さんの不安の強さが感じられたそうですが。
R　そうです。とてもかしこまった話し方で、不安が強いお母さんだなと感じました。何を相談したいのかもよくわからなかったので、お母さんの後についていきながら丁寧に聴いていくことを心がけました。そうすると、頑張っている様子も伝わってきました。この相談で少しでも気持ちが柔らかくなってくれればと思ったので、お母さんのできていることをできるだけ言葉にしてみました。
SV　前半では、〈お子さんの様子が違ってきたことに気づかれた〉とか、

〈担任の先生に相談されたのですね〉など、お母さんはご自身では気づいていないかもしれないけれど、お母さんのできていることを言葉にしていますね。それで、お母さんの様子はどうでしたか？

R　かしこまった感じから普通の話し方になってきたように思いました。その流れで、自然にご自分の歯がゆい気持ちの話も出てきたのだと思います。すごく自然に相談される感じになっていました。

SV　相談者の強さ、力を支え、相談者ができていること、できているのに気づいていないこと、できそうなことに焦点を当てていくことで、お母さんに変化があったということですね。相談者の強さ、健康性に着目した聴き方をしていって、お母さん自身が緩んでこられたのでしょう。

R　私もびっくりしましたが、急に元気になられて、ご自分でどんどん気づいたことをお話しされて、本来はこういう元気な方なのだなと思いました。

④共通理解（SVのコメント）

　息子の友達関係ということから始まったが、その何を相談したいのかが出てくるまで少し時間がかかった相談である。相談者の不安や緊張が感じられたので、相談員として焦らず、今、ここに表わされる不安を丁寧に注意深く聴くことで、相談者自身で自分のできていることを見つけることができ、それを伝え返すことで自信を回復していったと言える。

＊事例検討会3　場面緘黙で登校しぶりがある中1女子の母親からの相談

①レポーターからの報告（相談の概要）

　中1の娘のことで、相談をお願いしてよろしいでしょうか。〈はい、どうぞ。〉

　あの、困り果てているのです。娘のことで、中1なのですが、場面緘黙で。これは小さいときからですが、今は、いやいや学校に行かせているのです。〈いやいや学校に……〉はい、どうしたらいいのか。〈娘さんがいやいや学

校に行っているということでしょうか。〉はい、小学校のときにいじめにあって……それで1年間不登校になってしまって、このままではいけないと越境して中学に入れたのです。ここでもいじめにあって、先生の理解が得られなくて、泣いて行くのを嫌がって……。それでも今、何とか行かせているのですけれど、もうどうしたらいいか。

〈もう少し、お嬢さんのことを教えてください。先ほど、お嬢さんは場面緘黙だとおっしゃいましたね。〉はい、小さいときからです。小さいときは、お父さんでもおばあちゃんでも大泣きで、育児サークルとかでも、泣いてしまって。家の中では普通にしゃべれるのですが、外ではまったくしゃべらないのです。大学病院に行って。〈小児科？〉そうです。そのあと、別の子どもの専門病院にも行っていました。プレイセラピーも受けましたが、効果がなくて……。薬ももらったのですが、眠くなって、だめで……。〈お嬢さん、病院に行ってもうまくいかなくて……〉はい、家では普通にしゃべれるのですけど、外ではまったくしゃべらなくて、「怖い、怖い」と言ってだめなのです。

中学の先生は、1人ひとりの面倒は見られないと言われて……。それもあって、中学に行くのを嫌がるようになって。今、いやいや行っているのですけど……。〈中学に入れたけれど、今も行くのを嫌がっているということですね。それで、今、一番相談なさりたいことは？〉望んでいることは、学校に行かないというのを解消してほしいのです。〈学校に行かないとお嬢さんが言っていることを解消してほしい……〉はい、そうなのです。〈うーん、お嬢さんがどういう状態で行きたくないと言っているのか、外でしゃべらないことと、今、学校を嫌がっていることとどう関係しているのか、経過が長いですよね。〉そうなのです。

実は、私、4月に主人を亡くしていて、この子と上の子がいて、私1人ではもうどうしようもない感じで。〈それは大変でしたね。今まで病院とかに連れて行かれて頑張ってこられたのですね。〉はい、先生には「お母さんが少し休んだら」と言われたのですが、どうしたらいいか。家では楽しんで、テレビを見たり普通に生活できたりするのです。〈お嬢さん、家では楽しく過ごせている。〉でも、学校が嫌と言われると……。〈学校が嫌と言わ

れるとどうしていいかわからなくなるというのが、お母さんの今のお気持ちなのですね。今、お母さんも大変な時期でいらっしゃって、お嬢さんに嫌と言われてしまうと……〉はい。〈ただそれは、少し時間がかかることかもしれないですね。まず、お母さんの気持ちをどこかでじっくり聞いてもらって、これからのことを考えていくことが必要かもしれませんね。〉そうですね……。児童相談所とかそういうところでしてくれますか。〈そうですね。児童相談所のほかにも教育相談所や子ども家庭支援センターなどでも相談できますよ。〉インターネットで調べてぜひやってみます。

　②参加者からの感想
参　この電話相談を受けて感じたことを聞かせてください。
R　閉室５分前の電話で、もっと時間があったら別の展開もあったかもしれないと思います。はじめ、改まった様子の言葉づかいでしたが、相談が始まった第一声で、混乱したような話し方になり、そのギャップに「おや？」と感じました。
参　前半のところでは、相談がなかなか進まない印象を受けましたが。
R　場面緘黙の相談をしたいのか、登校しぶりの相談をしたいのか、と焦点を絞り切れず、半ば戸惑いながら話を聴いていきました。そうすると、そういったお子さんの状態をお母さん自身が精いっぱい受け止め、ぎりぎりの状態でいることが感じられました。
参　私だったらもっとお嬢さんの問題を詳しく聞きたくなりますが。
R　はい。お子さんは小さい頃から過敏なところもあったようで、別の問題もあるかもしれないと思われましたが、とりあえず、お母さん自身が落ち着かれること、ということでお母さんは納得されたようでした。最後は、お母さんの口調のトーンが少し変わって電話を切られたのでホッとしました。

　③SVとの意見交換（基本姿勢に沿っての相談員の振り返り）
〔今、ここでの気持ちを聴いていく──困りごとに着目し、丁寧に聴く〕
SV　閉室５分前に入った電話相談でしたね。何を相談したいのか、なかな

か焦点が絞れなかったとのことですね？

R　そうですね。お母さんは「困り果てているのです。娘のことで、中1なのですが」とも言われていますので、まず、その困りごとを娘さんの行動と理解し、それに着目して進めようと思いました。

SV　そのためにはどのようなことを工夫しましたか。

R　話し方にくらべ、混乱しているようでしたので、〈娘さんがいやいや学校に行っているということでしょうか〉と主語を明確にして返してみたり、〈お嬢さんは場面緘黙だとおっしゃいましたね〉と初めに戻したりしながら、お母さんが今、一番困っていることを整理していこうとしました。

SV　そのようですね。そういった言葉に引かれ、お母さんが次々と困りごとを言ってくるように思えますが。

R　はい、余計に何をここに求めての相談なのかがわからなくなってしまいました。そこで、〈それで、今、一番相談なさりたいことは？〉と聴いてしまったのです。でも、あまり明確化にはつながらなかったようで、次に〈うーん、お嬢さんがどういう状態で行きたくないと言っているのか、外でしゃべらないことと、今、学校を嫌がっていることとどう関係しているのか〉と言ってみました。

SV　それは相談員の独り言のようにも聞こえましたね。その次の〈経過が長いですよね〉の言葉も自然に出ているようですし、そこから展開が違いましたね。

R　はい、これ以降は〈それは大変でしたね。今まで病院とかに連れて行かれて頑張ってこられたのですね〉と相談者のできていることに焦点を当てることができ、ペースが合ってきたような感じがしました。

SV　相談員のねぎらいの言葉も十分伝わっているようですし、相談員から元気をもらっているような進み方になっていますね。どんな感じがしましたか。

R　前半は相談の焦点が絞れず、私としても戸惑いがあったのですが、後半からは気持ちが軽くなり、ホッとしました。相談者が、今、ここで聴いてもらいたいのは自分の気持ちだったのかもしれません。

〔他機関との連携・協働——他機関を上手に利用する〕

SV　前半には戸惑いがあったという相談でしたが、でも〈経過が長いですよね〉の言葉かけから、相談員は具体的にお母さんのできていることに焦点を当てることができ、ねぎらうことができましたね。

R　はい、それからはお母さんもただ「困った」だけでなく、一緒に考えようとする姿勢が出てきて、自分から「こんな機関は使えるかしら」といった話題も出されました。

SV　そうですね。ねぎらわれて、困りごとから離れなかったお母さんが自分でそれに取り組もうとする姿勢が出てきましたね。

　　前半について、「戸惑った」と言われましたが、お母さんの語るペースを乱さずに丁寧に聴いていたことがお母さんにとっては気持ちをそのまま受け止めてもらえたように感じたのでしょう。相談員の返す言葉をお母さん自身が反芻し、自分の思いと照合し、「その通りだな」「いや違う、こんなことなのだろうか」と新たな言葉を見つけようとしているようにも感じられます。だから、〈経過が長いですよね〉をきっかけに具体的に生活を振り返ることができ、安心して、自分のできそうなことを相談員に提案してみたり、それを相談員が励まし、応援してみたりすることができましたね。まさに相談員と協働する相談です。そして、相談員も1人で抱えず、上手に他機関につながるように相談を進めることができましたね。

④共通理解（SVのコメント）

　相談者が何を相談していいのかはっきりしないままで電話してきたのかもしれないし、「こんなことを相談してよいのか」と戸惑ったまま相談してきたのかもしれない。だから相談員は「焦点が絞りきれない」と感じていたのだろう。しかし、相談員は焦らず、今、ここでの困りごとに着目しながら、今、ここでの気持ちを丁寧に聴いていくことに特に前半は努めた。その上で後半、生活を具体的に振り返られるような相談員の言葉かけをきっかけに、相談者自身ができていることを見つけることができた。それを相談員はねぎらい、支えた。聴いてもらうことで、困りごとは少しずつ

ほぐれ、相談員から返された言葉を自分の中で照合しながら、相談者自身が自信を回復し、自分で「こんなことができる」と向き合う姿勢を取り戻していった。相談員により、凝り固まった相談者の言葉がほぐされていった。聴き手である相談員の存在は大きい。

✱事例検討会4　リピーターと思われる方からの相談

①レポーターからの報告（相談の概要）

第1回　X年6月○日午後（相談時間35分）

- 内容：2歳の女の子がいて、母親同士の関係でみなが一緒というのが得意ではない。公園や児童館で会うお母さんたちとなかなか仲良くなれない。公園でも自分の子と2人で遊ぶことが多い。決まった友達をつくらなければと思うが、それに束縛されるのも嫌。
- 対応：2歳はまだ母子関係を築いていく時期なので母子で楽しく過ごせることがよいということを伝えた。お母さんは安心された様子で明るい声になった。

第2回　X年6月○日午後（40分）

- 内容：子育て、母親との付き合いについて。他の母親が、子どもたちに注意をしたりせずに見ているのに驚いた。うちの子は女の子でどちらかというと押されたりするほう。そういうときに、相手に何か言うのは……と慎重になってしまう。
- 対応：きちんと育てようとする姿勢が感じられ、それを支持した。「そう言ってもらえて安心した」と言われる。

第3回　X年7月○日午後（60分）

- 内容：2歳の女の子がいるが、公園などでの母親同士の付き合いがおっくう。家の中が散らかっていて、うちに呼べないので、誰かに呼ばれても遊びに行けない。行き来するような付き合いはできないと思う。子どものためにもと思うが、子どもは家で楽しそうに遊んでいる。うちの子のことを「表情豊かでかわいい子」と言われてうれしかった。私は小さい頃ほめられたことがない。自分の両親とは疎遠になってい

る。
- 対応：子どもさんと楽しく遊べている。うまくいっているところに焦点を当てて聴く。

第4回　X年8月○日午前（40分）
- 内容：子どもを通した親との関わり、価値観の違いに悩んでいる。子どもは誰でもすぐに近づいていく。誰か仲良しの友達をつくってあげたほうがいいのか。
- 対応：親同士のつながりは難しいが、お母さんはまじめに考えて対応されている。今は無理に特定の子と遊ぶことを考えなくてもいいのではないか。子ども家庭支援センターなどを利用してみてはどうか。

第5回　X年9月○日午後（45分）
- 内容：子どもと一緒に過ごすのは好きだが、公園や児童館で会うお母さんと合わない。
- 対応：最近嫌だったことを一通り話されると気が済んだ様子。親子の関係がいいようなのでそこを支持した。

第6回　X年9月○日午前（15分）
- 内容：お母さんの友達のつくり方。グループになっている人たちについていけない。
- 対応：イライラした口調で、被害的な話し方だった。近くで子どもが泣き、切電した。

第7回　X年10月○日午後（60分）
- 内容：お母さん友達ができなくてこのままではいけないと思うが、このままでもいいと思うこともある。子どもは人なつっこいし積極的なので、特定の友達をつくってあげたい。言葉がはっきりしないのが気になっている。
- 対応：お母さんのできる付き合い方で少しずつ広げていければいいのではないか。お子さんの言葉のことは、保健所などで相談にのってくれる。

第8回　X年11月○日午前（40分）
- 内容：他のお母さんのことを気にしすぎている。他の人の言動が気に

ならないようにするにはどうしたらいいか。自分の小さい頃のことを振り返り、我慢しすぎてきた自分の生い立ちを語る。
- 対応：自分の感情は抱えたままで、生活の中でより良い状況をつくることについて一緒に考える。

第9回　X年12月○日午前（45分）
- 内容：自分自身の他のお母さんとの付き合い方について。仲良しの友達をつくるのが面倒。子どもは風邪をひかないが私がひいてしまって、外に出るのも面倒。相談員が〈気分転換は？〉と尋ねたら、テレビを見たりネットで買い物をしたりすること。
- 対応：付き合いはこの範囲までと割り切ってはどうか。お母さん自身の好きなことをすることも大切と伝える。

②参加者からの感想

SV　相談を受けたみなさん、担当された回のレポートをありがとうございます。では、参加者のみなさんから何かありますか。

参　リピーターの事例をまとめてみていかがでしたか？

R1　実際はこれ以外にも相談を受けていて、抜けているものもあるかもしれません。1回ごとに内容も少しずつ違うようですが、主訴は一貫してお母さん同士の付き合い方についてです。

参　このお母さんからの電話を受けた方の感想を聞かせてください。

R2　相談を聞いていて、同じような声や内容に感じたため、〈前にもかけられましたか〉と聞いてみましたが、それには特に答えがなく、別の話になってしまいます。相談者は、前に電話したことには触れてほしくないのかな、継続した相談を希望していないのかなと感じました。

③SVとの意見交換（基本姿勢に沿っての相談員の振り返り）
〔今、ここでの気持ちを聴いていく〕

SV　リピーターと思われる相談をまとめて報告してもらいました。何回か同じような話が続いているようですが、それぞれどのようなことに配慮して受けましたか。

R1	私は、第3回を受けました。第1回の前にもかけられていたように思います。印象に残る話し方で、小さい声で話すお母さんです。電話相談には一回性という特徴がありますが、前の相談の内容をもとに発展した話ができればいいなと思うこともあります。
R2	私も何回か受けていて、ここの電話相談は一回性が原則ですが、第一声でこの人とわかりましたので、「前にもかけられましたか？」と聞いてみました。しかし、それには特にお答えにならず、別の話に移ってしまいました。
SV	どうして相談者は答えてくれなかったのでしょう。別の話になったのでしょう。どのようなことが推測できますか？
R2	そうですね。前の相談は前の相談、今日は今日の相談と思われている。あまり自分のことを知られたくないのかもしれないですね。今日、今、このことを相談したいということかもしれませんね。
SV	ここの電話相談は名乗ることを求めない匿名性が原則ですし、「今日、初めての相談です」と言いやすい構造です。自分のことを知られたくない、今日初めての相談を望んでいるということでしょう。
参	これまでいろいろな機関を案内していますが、継続して利用されていないようです。面接相談や名前を出しての相談に抵抗感がある方だから、電話相談を選んでいるのかもしれませんね。
参	ご自身が、自分を出すことに不安というか、抵抗感をお持ちなのかもしれませんね。わかってもらえた経験の少ない方かもしれません。
SV	ということは、今、なぜ、ここに電話相談をしてきたのでしょう。同じような相談ですね。
R3	そうですね。どうして今、ここに相談してきたのでしょう。同じような話をされると、とまどってしまいます。どうしたら、こちらも新たな気持ちで聴けるようになるでしょうか。
R4	私も、話がループしていくので、そういうときはどう返そうかと悩みます。心理的に、長い電話と感じてしまいます。相手の気持ちを聴けていないのかなと反省します。ペースが合わせられないと感じてしまいます。

SV　そうですね。リピーターはどうしても「同じ話だ」と受け手に心理的抵抗感を与えてしまいますね。しかし、こうまとめて報告を受けると、初めは「母親同士の関係でみなが一緒というのが得意ではない。公園や児童館で会うお母さんたちとなかなか仲良くなれない」「束縛されるのも嫌」だったのが、次第に「行き来するような付き合いはできないと思う。子どものためにとも思うが」と、何とかしたいという思いになり、相変わらずお母さんたちとの付き合いは苦手だが、「最近嫌だったことを一通り話されると気が済んだ様子」と自分なりに決着をつけて相談を終えるようになり、自分の来し方を振り返り、相談員とともに対応を考えるようになるという変化を見せています。それぞれが工夫されたところはどうだったでしょう。

参　みなさんのお話を聞いていて、「ペースを合わせよう」「理解しよう」という姿勢があったと思います。匿名性を尊重し、一回性を念頭に置いていると思います。

SV　そうですね。同じような内容の、ループするようなお話であっても、その都度その都度、相談者は「今」「ここ」に相談したいと思って相談してくる、相談をしながら「今」「ここ」で起きている自分の感情に向き合うことを相談員が丁寧に支えてきたと言えるのではないでしょうか。

〔できることから始めよう──小さな変化に着目する〕

SV　では、相談員が丁寧に支えてきた「今」「ここ」について、その支え方について振り返ってみましょう。

R5　私は第2回と第8回を受け、相談の内容と声の調子から、この方だとわかりました。第2回と第8回では、話す内容が違い、第8回で初めてご自身の小さい頃のことを話されて、少しお話が深まった感じがしました。

参　同じような話の繰り返しのようですが、1回、1回が積み重なっているように感じますね。初めの頃は、距離を置いたような客観的な話し方ですが、回数を重ねてくると、感情を吐き出されたり、自分自身の

参　ことを話されたりなど変化が見られます。

参　繰り返しかけてくるということは、「こども相談室」に電話をして安心できるとか、ホッとできるとかそういう気持ちになれるからではないでしょうか。それぞれの相談では、良いところやできているところを相談員が見つけて、それを言葉にして相談者に返して、支持している相談員が多いように思います。

SV　この相談では、相談者であるお母さんに少しずつ変化が起こっています。それは、相談員が人は違っても、基本姿勢に沿って、丁寧に聴いて、できているところや小さな変化を拾い、返し、応援することができているからだと思います。それが相談者に伝わっている結果ではないでしょうか。

参　私は、お子さんの発達も気になります。人見知りがなく、誰のところでもなついていって、言葉も遅めのようです。その話もしたほうがいいと思うのですが、お母さんはあまり気にされていないようなので、こういう場合はどうしたらいいのでしょうか。

参　子どものアセスメントは必要ですよね。でも、相談者の主訴、今、相談者が困っていることに添っていくことが大事だと思います。1つの相談の中で多くの問題にそれぞれ焦点を当てると、お互いが混乱してしまうことをよく経験します。まず、今、誰が何に困っているのか、それに焦点を当てながら聴いて、その話の中で自然にアセスメントに役立つ情報が聴けていけたらいいですね。

R4　私が受けたときには、相談員さんに紹介された子ども家庭支援センターや保健所に連絡はされたと言っていました。でも、相談に行くことはなかったようです。私は、相談に行ってくれればいいのにと思ったのですが、少なくとも、必要なときには連絡できるのだと思い、お母さんが今できていることを支えるようにしました。

SV　主訴を巡って聴くというのはポイントです。相談者自身が行動できたり考えられたりするような、できているところ、小さな良い変化を見つけ、相談者を応援する姿勢で臨み、相談者が少しでも元気になるような相談を目指したいですね。

④共通理解（SVのコメント）

　リピーター（頻回相談者）からの相談は、毎回同じような内容を繰り返され、心理的に負担が大きいと感じてしまいやすい。しかし、相談者はなぜ、今、ここに相談をしてきたのか、ここにどのような気持ちを吐露したいのか、相談者の今、ここでの気持ちに相談員としては着目することを心がけたい。その上で、相談者のできているところや小さな変化を見つけたい。そしてそれを返しながら、相談者が自ら対処法を考え、元気に生活できるよう応援する姿勢を保っていきたい。

＊事例検討会5　小5の息子がいじめられているのではないかという母親からの相談

①レポーターからの報告（相談の概要と相談を受けながら感じたこと）

　私が、このお母さんの声と出会ったのは、X年の初秋でした。「あの、息子（小学5年生）のことが心配でお電話したのですが……。息子がいじめられているのではないかと思って」と。はりのある声で、ゆっくり丁寧に話される感じでした。

　私は、お母さんの心配をもう少し詳しく教えてもらいたいと思い、〈なぜ、息子さんがいじめられていると思うのですか？〉と尋ねてみました。すると、「息子は小さいときから、周りの子どもたちとは少し違うと感じていて……」とおっしゃるので、〈周りのお子さんたちと少し違うと感じられて……。具体的にどんな点が違うか、お話しいただけますか？〉と尋ねました。すると、今度は以下のようなことを一息に話されました。「えっと、とにかく何をするにも時間はかかるし、要領が悪いから、結局、私が手伝ってあげないとダメで。それにコミュニケーションがうまくとれないのです。何回言っても、私の言いたいことが伝わらなかったり、逆に息子が何を言いたいのか、私自身がよくわからなかったりして、すごく手がかかるのです。私は少しですけど、教育関係の仕事をしていたものですから、丁寧に関わってきたつもりなのですが。この頃は、あまりできが悪いので、息子とはいえ、とてもイライラするのです。高校生の姉が1人いて、そのお姉

ちゃんのほうは、すごくよくできるのです。だから、私の子育ては間違っていないと思うのですが、専門家の先生の意見としては、どうですか？」。最初と違って、お母さんの声はとても緊張して、焦っておられる感じに変わりました。

　そこで、〈お母さんとしては、ご自分の息子さんを、どのように理解しておられるの？〉と尋ね返してみました。「小さいときから息子のことは、どこか普通の子どもと違うと思ってきました。だから、保健所を訪ねたり、教育相談所にも行ったりしたのです。でも、専門家に『どうですか？』と聞くと、だいたい『もう少し様子を見ましょう』と言われたのです。だから、5年生にもなって、こんなことになってしまって……」と声が消えていきました。私は〈それでも、お母さんは精いっぱい息子さんのために頑張っていらしたでしょう。いろいろと工夫をしながら、育ててこられたこと、今のお母さんの話からよくわかりましたよ〉と返しました。すると、むせび泣く声が聞こえ、「ありがとう」という小さな声が返ってきました。

　とても切ない気持ちになりました。私は最後に、ねぎらいと控えめな励ましの言葉を贈りました。やはり小さな声でしたが、「本当にありがとう。また、つらくなったら電話します」と言ってお別れしました。このお電話に要した時間は、およそ40分でした。

　X＋1年。年が明けて間もないときに、私はこのお母さんからの電話を受け取りました。やはり、はじめは、はりのある元気な感じの声でした。「うちには小5の男の子がいるのですが、私、今、塾の講師にならないかと誘われているのです。塾は家から車で5分くらいのところで、勤務時間は夕方の2時間くらいです。普通は小5くらいなら、夕方少し家を空けてもいいですよね」。

　私は、このお母さんの話を聴きながら、お母さんは塾の講師になることを後押ししてほしいのかなと感じました。

　そこで、もう少し教えていただきたいと思いましたので、次のように伝え返しました。〈お母さんは、家を空けることに、何か心配がありますか？〉。すると、ほんの少しためらわれるような様子で、「ちょっと……うちの子には問題があって……小さい頃から普通のお子さんよりも遅れてい

るというか、覚えが悪いから、一生懸命やってもダメなのです。私は昔、少し教育関係の仕事をしてきたのですが、そのときの実力が評価されて、今回この講師依頼がきたものですから、ちょっとやってみたいと思うのです。ダメな息子のために、無駄な時間を使うよりは、もっと成果の上がる子どもたちのために、働きたいと思うのです」と話されました。

　私がこのお話を聴いていて気になったのは、「ダメな息子」「無駄な時間」という言葉でした。そこで私は、〈お母さんにとって、息子さんはダメな子だと思うの？〉〈息子さんを育てることに疲れちゃったのかな？〉と尋ね返してみました。すると、お母さんとしては、これまで息子さんに、できる限りのことをしてきたという自負があること。それと同時に、どこかで「自分の子育てが間違っているのではないか」という不安な気持ちもあることを、話してくださいました。

　そこで、私はこのお母さんに、〈お母さんがざっくばらんに話してくださったことに感謝します。お母さんが頑張っていらしたこと、そして、息子さんの将来を心配する気持ちがあることを、聴かせていただいたように思います〉と、私の言葉で、お母さんの語りを翻訳して返しました。すると、受話器を通して、小さな泣き声が聞こえてきました。私の口からは自然と、〈お母さんは、すごく頑張ってきたし、今もよくやっておられますね〉と励ましの言葉が出てきました。また、塾の講師をやることで、お母さんの気持ちが軽くなるのなら、それも1つの選択かもしれないことをお話ししました。そして、〈実際に塾で働く気持ちが固まったら、息子さんに、彼がわかるような言葉でよく説明し、「うん、わかった」と言ってもらえたら、お母さんとしては、気持ちが楽になるように思いますよ〉とお伝えしました。

　お母さんは「わかりました。そうですね。よくわかりました。今日はお電話をしてよかったです。元気をいただきました」とお礼を述べられました。時計を見ると、受話器をとってから50分ほどの時間が経過していました。かけ手から「電話してよかった」「元気になった」との言葉をいただくのが、受け手としては、本当にうれしいものです。かけ手の気持ちに寄り添えた、そんな気がする出会いでした。

②参加者からの感想

参　伝え返しのワークで、伝え返しをしながら関係ができていくことを学びましたが、この相談は相談者と相談員のペースがぴったり合った相談だと思いました。相談者の気持ちを感じながら、相談員は言葉を選んでいることが伝わってきました。例えば、2回目の相談で、相談員は、お母さんは塾の講師になることを後押ししてほしいのかなと感じ、返した言葉は〈お母さんは、家を空けることに、何か心配がありますか？〉でしたね。こちらが先走らずペースを合わせて話を進めているのがわかります。相談員として、どんな言葉を返せているのか、改めて自分を振り返るきっかけになりました。

参　話し手に教えてもらうワークでやったことが実践に生かされていると思いました。〈具体的にどんな点が違うか、お話しいただけますか？〉〈お母さんとしては、ご自分の息子さんを、どのように理解しておられるの？〉など、ほかにも何回か問いかけをされています。私は傾聴を心がけようとすると、問いかけをしていいのか迷いますが、この事例から、問いかけでこのように相談が展開するということを学びました。

参　元気になる言葉かけのワークをやったときに、〈頑張っていますね〉という応援の言葉は言えるけれど、それでいいのかと疑問が残っていました。この事例では、相談者とやりとりをしながら、元気になる言葉かけが相談員の口から自然に出ていると思いました。私も、相談者の気持ちに寄り添えた相談ができるように努力していきたいです。

③共通理解（SVのコメント）

　伝え返し、話し手に教えてもらう、具体的な言葉かけの3点を意識して行った事例検討会である。

　この事例では、レポーターが相談の進行に従って感じたことも含めてレポートしている。相談に集中し、相談者の声、居方に感受性を働かせ、いま相談者が何を求めてここに電話相談をしてきているのか、相談者のニーズを丁寧に聴き取ることから始めている。相談員の感受性を研ぎ澄まし、

相談者の状態を把握しようとしている。それがアセスメントの根拠になる。「はりのある声で、ゆっくり丁寧に話される」ことから、相談者の心配がどこにあるのか、それを一番よく知っている相談者に教えてもらう。それまでは、レポートにはなされていないが、相談者のペースをつかむために、丁寧な伝え返し、あいづちを繰り返し、関係づくりを心がけたものと思う。だから、「具体的にどんな点が違うか」のあと、相談者が安心できて一気に話し始めることとなっている。それを相談員は、相談者の口調が「緊張して、焦っておられる感じ」に変化したことと受け止めている。ある程度その焦りを聴いた上で、〈息子さんを、どのように理解しておられるの？〉と具体的な言葉かけをすることで相談者の視点を展開させ、相談者の言葉から相談者がやってきた努力を拾い、ねぎらいの言葉をかけて1回目は終えている。

2回目は数か月後のことである。相談員は、1回目に比較し、相談者の行動化への後押しを得るための電話相談と感じている。1回目は、自分の子育ての失敗感を訴えていたのが、わずかにその思いを引きずりながらも、それだけにとらわれず、自分の道を歩もうとしている相談者の変化を感じている。そのため、相談者の実際の生活が共有できるように具体的な問いかけや言葉かけをし、教えてもらう。そうすることで相談員の口から自然と、〈お母さんは、すごく頑張ってきたし、今もよくやっておられますね〉と励ましの言葉が出てくる。

相談者の言葉やその奥にある思いを丁寧に聴いていくには、適切に、あいづち、伝え返し、言葉かけをしてペースを合わせていく。ペースが合うと相談者は話しやすくなり、相談者の相談ニーズや生活を把握しやすくなる。相談者に教えてもらうように投げかける。相談者が主体なのである。そうして出てくる言葉を拾いながら、視点の展開を図るための具体的な言葉かけを行っていく。

この事例では、相談員がその感受性を総動員させ、相談者の今の思いを適切にアセスメントし、相談者のニーズに合うように適切な聴き方をしていった。そのため、相談者の回を追った成長が、相談者の気持ちに添った相談として感じられたものと思う。相談のアセスメントには相談員の感受

性が大いに関わり、そこにこそ専門性があると言える好例である。

④レポーターからの感想

通常の事例検討会では、事例提供に躊躇する人は多いと思います。なぜなら、事例検討会では、勉強になる反面、話題提供者（相談を受けた人）の批判で終わりになることも少なくないからです。しかし、このときの事例検討会は、気持ちに寄り添えた事例の検討でしたので、レポーターも参加者も、前向きな話し合いができたと思っています。

この検討会では、具体的に自分が対応したときの会話を再現することが中心になったと記憶しています。その際のポイントになったのは、①相談者のどのような言葉から、相談者に対する共感が深まったか、②どのような言葉で相談者の声が明るくなったか、でした。

このとき、SVの先生は、それぞれの発言を丁寧にくみ取り、発言者の肯定感をさらに強化する言葉を返してくださいました。こうしたことは、みんなが安心して、自分の意見を話せ、レポーターである筆者の自信回復にもつながるばかりか、相談者の健康性や肯定的側面を見つけるヒントにもなります。事例検討会の本来の意味が存分に味わえたと感じることができたと思います。

3. リラクゼーションと感受性を豊かにするワーク

(1) リラクゼーションのワーク――簡単リラックス

①概要

相談者が緊張せず話をするには、話を受ける相談員が落ち着いてリラックスしていることが求められる。このワークは、簡単に心身をリラックスした状態にする効果があり、日常にも生かせる。また、グループワークなどの導入にも利用することができる。

②目的
- 体の感覚を通して、自分の状態を知る。
- 体がリラックスすると、こころもリラックスし、気分転換にもなり、よい考えも浮かぶ。

③手順
★始める前の準備
　体を締めるものはできるだけ外し、椅子に座った状態で、目を閉じて、ゆったりとした気分で、そこにいる。

★腹式呼吸の練習
- 鼻で息を吸う（1〜2秒）。口は開けていても閉じていてもどちらでも自分のやりやすいほうでかまわない。
- そこで息を止める（2秒程度）。
- それから、ゆっくり息を吐く（12秒くらいかけて）。嫌なこと、もやもやしたものを吐き出すイメージで行う。

（＊吸う息よりも、吐き出す息が大事である。）

★顔のリラックス
- 顔を思いきりしかめる。それから眉を上に吊り上げる。そして、ゆっくり力を抜いてリラックスする。（2回繰り返す）
- 目をしっかりと5秒間閉じて、鼻にしわを寄せる。周りを気にしないで、力をいっぱい入れ、そして力をそっと抜く。（2回繰り返す）
- 口元をきりりと閉めて、両方の手で口の両端を耳のほうに力いっぱい5秒間ひっぱる。

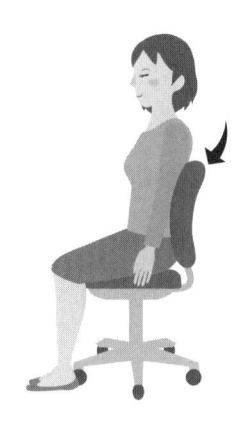

そして、ゆっくり力を抜く。(2回繰り返す)
- 歯をしっかりかみしめて、ゆっくり緩める。(2回繰り返す)

★手・肩・お腹のリラックス
- 両手を握りこぶしにし、腕を体の前にまっすぐ伸ばし、力を入れる（5秒間）。そして、ゆっくり力を抜きながら下ろす。(2回繰り返す)
- 両手を広げ、目の前の壁を力いっぱい押すように両腕を伸ばす（5秒間）。そして、ゆっくり力を抜きながら下ろす。(2回繰り返す)
- 両肩をすくめ、力を入れてそのままの姿勢をキープする（5秒間）。そして、ゆっくり力を抜きながら下ろす。(2回繰り返す)
- 両手を後ろで組み、肩甲骨がくっつくくらいの状態で背中に力を入れる。そのままの姿勢で胸をはり、大きく息を吸い込む。そして、息をゆっくり吐きながら、肩の力を抜く。(2回繰り返す)
- 腹に力を入れ、そのままの姿勢をキープする（5秒間）。それからゆっくり力を抜く。(2回繰り返す)

★足のリラックス
- 右ふともも、右ふくらはぎの筋肉に力を入れる。椅子に押さえ込むように力を入れる（5秒間）。そして、ゆっくり力を抜く。(2回繰り返す。) 左足も同様にする。
- 右足を伸ばして、つま先を頭のほうに強く向ける（5秒間）。そして、ゆっくり力を抜く。(2回繰り返す。) 左足も同様にする。
- 両足を上げて足首で円を描くように回す。次に反

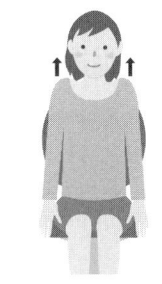

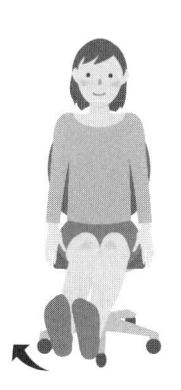

対側にも円を描くように回す。そして、ゆっくり両足を下ろす。

★肩回し
- 両手を後ろに組み、肩を後ろにそらす。心を開いて、目を閉じて、意識はへその下におく。
- 息を吸いながら、後ろで組んだ手を引き上げて、肩甲骨を絞り上げるようにする。
- 息を吐きながら、腕を下げ、肩甲骨を緩める。

(2) 感受性を豊かにするワーク

　コラージュや描画は芸術療法の中でもよく施行されている技法である。芸術療法は芸術表現を心理療法の中で用いるものである。それらの芸術表現によりクライエントの言語表現が補完され、コミュニケーションが促進し、また創造行為によるカタルシスも期待されるものである。相談員がこれらを経験することは、相談員自身のリフレッシュ効果や制作したものを介してのシェアリングによる自分自身への気づきにもつながる。相談員の感性を磨くことは結果として電話相談の相談者により適切に対応できることになる。つまり、自分（の感受性）を大切にすることが、相手（の感受性）をそのまま受け入れられることにつながるのである。

①-1　はがきコラージュ
★目的
　専門家としての感性を磨くとともに、自己理解を深め、リフレッシュをする。
　はがきコラージュは、藤掛明が非行少年の臨床の中で創案した。ここでは藤掛の方法で施行している。

★準備するもの
- はがき大の画用紙、またはポストカード

- 小さめの切り抜き（マガジン・ピクチャー法[*注]で、参加者が自分で雑誌を持参して切り抜いてもよい）
- のり、はさみ
- 【資料6-1】はがきコラージュインタビュー用紙

[*注]：雑誌やカタログから自分が気に入ったものや気になるものを切り抜いて台紙に貼るコラージュのこと。

★手順
- 所要時間は1時間半程度である。
- 2人1組になる。最初にコラージュを作成する人とインタビューを行う人を決めておく。
- 今の気分（私）というテーマで作成する。
- 作成したものについてインタビューを行う。「作ってみての感想」「作ろうとした意図・理由」「作ろうとした意図・理由とはあえて異なる説明」「パートナーからの感想」などを聴いていく。聴き手は用紙に記録する。
- 今までの（過去の）私というテーマで作成する。
- 作成したものについて、上記同様にインタビューを行う。
- これからの（未来の）私というテーマで作成する。
- 作成したものについて、上記同様にインタビューを行う。
- 1人目が終了したら役割を交代して同様に行う。

★留意点
- はがきコラージュは、テーマを設けて作成することにより現在を見つめ、過去を振り返り未来の自己を表現するという時間軸に添う形式での自己への気づきが促進される。
- 作成されたはがきコラージュを見ると、時には語りたくないことが表現されていることが自分自身でわかることもあるので、語りたくないことは無理に語らなくてよいという説明を行う。また、パートナーが感想を述べる際も、率直であることは必要だが、他者に対して配慮のある表現も求められる。
- 通常は手順の項で説明した通りに行うが、制作時間が短く限られている

ときは同時に制作し、交互にインタビューするという方法もある。

★作品例
〔今の私〕
- 作ってみての感想：さっと作った割に満足できた。
- タイトル：夏休み
- 意図・理由：夏休みでのんびり緑のあるところでマッサージしたりしている。
- パートナーからの感想：若々しく、みずみずしいイメージ。

〔今までの（過去の）私〕
- 作ってみての感想：過去を思い出す。
- タイトル：努力と熱い心
- 意図・理由：過去は専門がなかった。努力していた。
- パートナーからの感想：一見不思議な絵だけれど、よく見ると心が通っている。

〔これからの（未来の）私〕
- 作ってみての感想：遠い将来？　近い将来？
- タイトル：別の生活
- 意図・理由：お酒を飲んでのんびり、にひかれる。
- パートナーからの感想：成功した後で達成としての安らぎを求めている。

> **参加者の感想から**
>
> ・日常を離れてイメージの世界で遊べた。
> ・自分の気持ちに向き合うことのできる時間になった。とても楽しかった。
> ・連作の楽しさをはじめて体験させてもらえた。
> ・インタビュアーの方がいることで支えられているという感じを持った。
> ・現在、過去、未来というテーマが面白く楽しかった。
> ・予想以上のいろんな感情がわき上がることに驚いた。

①-2　はがきコラージュの応用編——アンサーコラージュ

★目的

アンサーコラージュでは、濃密な相互作用が働くため、相手の立場や気持ちを思いやり、共感的に聴く力をつけることができる。また、イメージの広がり、イメージに教えられる体験ができる。

★準備するもの
- はがき大の画用紙、またはポストカード
- 「包囲型（ぐるり型）」ではA4判、またはB4判の画用紙
- 「往復型」では、はがき大の用紙を数枚
- 小さめの切り抜き
- のり、はさみ
- 【資料6-1】はがきコラージュインタビュー用紙
- 【資料6-2】アンサーコラージュインタビュー用紙

★手順
- 所要時間は1時間半程度である。
- 2人1組になる。

〔包囲型（ぐるり型）〕
- 最初に通常のはがきコラージュを作成する。サイズは小さめ（はがきサイズ、B6判など）が望ましい。【資料6-1】に沿ってインタビューし、作成後の分かち合いを行う。
- パートナーが最初の作品を預かり、あらかじめ用意していた台紙（A4判、B4判）の任意の場所に貼り付ける。
- 台紙上、最初の作品の周りの余白にコラージュを行う。最初の作品のメッセージに応えるような気持ちを込めて作成する。【資料6-2】に沿ってインタビューし、作成後の分かち合いを行う。

〔往復型〕
- はがきコラージュを作成する。パートナーに作品を見せ、【資料6-1】に沿ってインタビューし、分かち合う。
- 今度は、そのパートナーが新たにはがきコラージュを作成する。【資料6-2】に沿ってインタビューし、分かち合う。
- さらに繰り返していく。
- あらかじめ終結回数を決めておく。5、10、20往復など。

★留意点
- はがきという言葉自体に相互性やメッセージ性が暗に込められていて、意図的なイメージが引き出されやすくなっている。
- 実施者の方針によって、課題指定をすることができる。

★作品例（包囲型1）
〔最初のはがき〕
- 作ってみての感想：疲れ気味。遠くへ行きたい。
- タイトル：遠くの世界へのあこがれ
- 意図・理由：仕事のことが気になって環境を変えたい。

〔アンサーコラージュ（包囲型）〕
- タイトル：試行錯誤、時間の旅
- 意図・理由：試行錯誤して上手くいって家でリラックス。3人は全部自

分。観察して前に進む。
- 私の感想：はげましてもらって元気が出た。

最初のはがき

アンサーコラージュ

★作品例（包囲型２）
〔最初のはがき〕
- タイトル：古き佳きもの
- 意図・理由：のんびりと静かで落ち着ける。

〔アンサーコラージュ（包囲型）〕
- タイトル：のどかな一日の夕げ
- 意図・理由：日本的で静かなところで、のんびりしてご飯が食べられたら幸せ。
- 私の感想：世界を広げてもらった。さらに静かな世界に浸れた。

最初のはがき

アンサーコラージュ

| 第4章　トレーニングプログラム | 　109

★作品例（往復型）

〔最初のはがき〕
- タイトル：旅に出よう
- 意図・理由：いろんなところに行ってみたい。気分転換したい。

〔アンサーコラージュ（往復型）〕
- タイトル：気ままな旅
- 意図・理由：海、砂漠、おとぎの国、あちこち旅して食べたり泊まったりできると楽しい。
- 私の感想：旅の行き先が具体的になって、楽しい世界に行ってみたくなった。同じ形に貼ってもらってうれしかった。

最初のはがき 　　　　アンサーコラージュ

参加者の感想から

- 温かなメッセージをもらえてうれしかった。
- 自分を人とともに見つめ直せて、不思議な体験だった。
- 普段とは違った自分の感性に気づくことができた。相互作用で癒される体験をした。
- 気持ちを受け止めてもらえて発展させていただき、元気な気分になった。

②相互フェルトセンス描画法

★概要

相互フェルトセンス*注描画法は、吉良安之がフォーカシングの実践や研究において創案した。ここでは吉良の方法で行っている。

ペアになり、互いが話し手、聴き手の両方の役割をとって傾聴の練習をした後で、話し手として語った自分の話全体の感じと、聴き手として傾聴した相手の話全体の感じを、イメージ画として描く。その後、ペアの間で、お互いに描いたものを見比べて話し合う。互いの絵を見比べることにより、言葉のみでのやりとりに比べて、より直接的に、それぞれがどのような「感じ」を語り、聴いたのかを伝え合うことが可能となる。互いの描画に、共通点を見つけたり、話す側と聴く側の強調点の違いを見つけたりすることにより、互いの気持ちを共有することの意味を具体的に体験する。

*注：フェルトセンスはフォーカシングの用語で、心で感じられた実感のこと。フォーカシングはジェンドリンが心理療法から開発したもので、フェルトセンスに触れてそこから意味を見出す方法。心理療法や自己理解の方法として普及している。

★目的
- 話し手と聴き手が、話の内容についてそれぞれが感じたイメージを表現してみると、そこには共通点や強調点の違いが見られる。話し手の意図したことと聴き手が受け取ったものとの共通点や異なった側面について知る。
- 共感してもらう心地よさを味わう。

★準備するもの
- 画用紙（八つ切り）1人2枚
- クレヨン、またはクレパス（16色以上）

★手順
- 所要時間は1時間半程度である。
- ウォーミングアップを行う。（10分）
- 2人組（ペア）になり、一方は自分の話をし、他方はそれを傾聴する。

（10分）
　　気持ちが動いたような体験についての話をする。傾聴の練習なので、あまり重たいものや、人生の大問題のようなものではないほうがよい。
・次に役割を交代して、一方は自分の体験を語り、他方はそれを聴く。（10分）
・描画を行う。それぞれ2枚のイメージ画を描く。（各10分）
　　1枚目は、自分が話し手として語った話全体の感じをイメージして描く。2枚目は、聴き手として聴いた相手の話全体の感じをイメージして描く。自分がどんな感じで聴いたかという自分の感じではなく、「相手はこんなふうな感じで話していたのだろう」と相手の立場に立ってイメージしたものを描く。
・お互いの絵を見比べて話し合う。（10分）
　　話し手として語った話全体の感じを描いた描画と、聴き手として感じ取った話全体の感じを描いた絵とを見比べて、2枚の描画の中に共通点や相違点を見つける。そしてそれを糸口に、話すこと、聴くことの意味や、両者の姿勢の違い、各自の聴き方の癖や特徴について話し合う。
・6人グループで話し合う。（15分）
　　2枚の絵の共通点や相違点について話し合う。
・全体で振り返りを行う。（15分）

　　★留意点
　　互いの絵を見比べて話し合う段階で、過度に違いを気にしないように配慮する。共通点が多いから正解で、違いが多いから不正解ということではなく、話す側と受け止める側で、感じ方や受け止め方に共通するところや違うところもあることに気づき、どんな点で共通しているのか、どんな点で違いが生じるのかを話し合っていくことに意味がある。また、表現の違いに面白さを見つけられるとよい。

★作品例
〔Aさんの話から描いた絵〕
- Aさんの話：クリスマスのリースを、自分で材料を選んで作った。去年初めて教わりながら作り、次にはナチュラルなものを作りたいと思っていた。昔やらなかったことで大人になってできたことがいくつかあって、ハロウィンのパーティーのかぼちゃの飾り作りもその1つ。子どもが小さいときに一緒に作った。それは私が中学生の頃、英語の教科書で知って心に残っていたこと。子どもの頃から興味があったことがやれてとてもうれしいし、楽しかった。リース作りも同じように楽しかった。

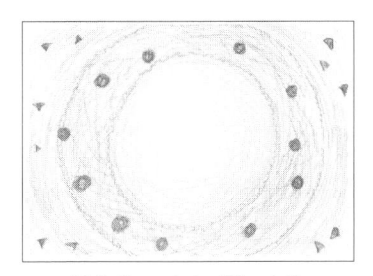

Aさん自身が描いた絵　　　　聴き手のBさんが描いた絵

- 作品を見比べて：Aさんのは具象的で、Bさんのは抽象的で、表現の違いはあるが、どちらも丸い形が描かれていて楽しそうな感じがする。
- Aさんのコメント：リースもかぼちゃの飾りもどちらも丸いイメージなので、温かくてうれしいし、ぴったりな感じ。描いていて、昔できなかったことができている、まだ楽しみが増えているのがうれしいのだなと思った。話し終えて、楽しかったという思いとこれからもっとやれるかもしれないといううれしさと不思議さを感じている。
- Bさんのコメント：リースの温かさとかぼちゃの飾りの明かりの温かさが重なったイメージを描いた。「ぴったり」と言ってもらえてうれしい。

〔Bさんの話から描いた絵〕
- Bさんの話：毎日走り回るような忙しさで、ゆっくりと自分の好きなことをやる余裕がない。いつもなら自分で植えるプランターの花も植える

ことができずにいたら、ある日、夫がパンジーの苗を植えてくれていた。家での一番の楽しみは飼い猫と戯れること。一緒に遊んでいると疲れが飛んでいく。話を聴いてもらって、忙しい生活の中にもオアシスのような時間があるのだと気づいた。

Bさん自身が描いた絵　　　　　　　聴き手のAさんが描いた絵

- 作品を見比べて：表現の仕方は違うけれども、温かな感じは同じ。どちらも同じ色合いの柔らかなくるくるとした曲線に包まれている。
- Bさんのコメント：長毛の猫がふわふわところがっていて、私とじゃれあっている感じを描いた。植えられたパンジーも添えた。Aさんは話の全体をとらえてくれた。自分の描いていない部分も表現してくれて、見落としていた大事なものに気づかせてくれてうれしい。
- Aさんのコメント：周囲に忙しい世界があって、だけど中心は温かくてホッとできる。こういう風に包まれているから外でやれるのかなと思った。猫のコロコロした感じも描けたらいいなと思った。

> **参加者の感想から**
>
> 〔実際にやってみて〕
> - 話したとおりに受けとってくださったので、うれしかった。
> - 自分の気持ちを描きながら、改めて自分の一番気になっていることに気づいた。話しているときには気づかなかったのだが。
>
> 〔聴くプロセスについて気づいたこと〕
> - 自分がどこに重点を置いて聴く傾向があるかが、少しわかった気

がする。
- 今日の演習では、気持ちを大事にして話してくださったので、ホッとした。

〔聴くことと描画で表現することについて〕
- 何を受け取ったのか表現できた。ぜひ日々の活動で使ってみたい。
- 言葉では表現しきれない互いの間に流れた何かを表現できた。
- 描画で表現されることで、より自分の話を聴いてもらっていたのだという思いを強くした。
- 自分の話を自分で絵によって表現すると、より気持ちがすっきりした。

〔互いの描画を見比べてみて〕
- 聴く中で、どんなところに焦点を当てたかが描画に表現されていると感じた。
- 表現の仕方が違っていても、話している本人以上に聴いている人が何かをつかんでいることを知ることができて面白かった。
- 表現方法は違っても、色が同じだったりして、感じていたことが共通だったのだなと思った。
- 通じ合えることが確認できた。
- 自分の描けなかった部分を（気づかなかったところを）相手が表現してくださった。
- 受け止めようとする気持ちがまず基本にあったと思う。
- 共通点があることに慰めを感じた。

③パステル画

★概要

　パステル画は、パステルクレヨンという伸びやかで透明感のある独特の素材を使用することで、他の画材にはない豊かな表現を可能にする。パステルを粉末状に削り、脱脂綿で色を重ね、広げ、遊ばせる作業は相談員としての繊細な感受性を磨くとともに、日頃の仕事の疲れを癒す。描き終わ

ってマスキングテープをはがし、くっきりと白い枠に縁どられると自分の作品が生き生きと輝きを増す。グループでそれぞれの作品を味わい、その感じを言葉にするシェアリングの時間も貴重である。「フェルトセンス」に触れながら響き合う色や光の声を聴いている感覚になる。母親グループなど子育て支援の臨床現場への応用が期待できるプログラムでもある。

★目的
パステル画を描き、相談員としての感受性を磨くとともにリフレッシュの時間とする。

★準備するもの
- パステルは、ファーバーカステル社のポリクロモスパステル（ドイツ製）で、以下の6色を用意する。
　　（赤系）No.121（バーミリオン：朱色）
　　　　　No.129（ローズピンク：桃色）
　　（青系）No.120（ブルー：水色）
　　　　　No.149（プルシャンブルー：群青）
　　（黄系）No.104（レモンイエロー：淡黄色）
　　　　　No.109（ゴールドイエロー：橙色）
- パステル用定着液／練り消しゴム／脱脂綿（小さくカットされているもの）／カッター／綿棒／下敷き／新聞紙・白紙片など（パステルを粉末状に削る際に使用）／型紙（適宜用意する）／マスキングテープ（幅1センチ程度）／はがき（はがき大の白い紙）／作品を入れる透明の袋／お手ふき
- 【資料7-1】パステル画のテーマ
- 【資料7-2】パステル画の配布資料の例

★手順
- ワークの時間は1時間半程度である。
- 5人前後のグループになるように机を配置し、材料や用具をセットして

おく。
- 導入として、ワークの目的、留意点、タイムテーブルなどを説明する。
- 実際の描き方は、①下敷きにマスキングテープではがきの四辺を固定する（完成後はがすと白枠になる）、②パステルクレヨンをカッターで削り粉状にする、③パステルクレヨンの粉を脱脂綿や綿棒につけて、自分の好きな色や光、風の感じを作る。

- 型紙を使用する場合は、型を抜いた部分を練り消しゴムでたたくようにすると白く色が抜ける。型紙のこれまでの例では、星、三日月、ハート、モミの木、葉、波、丸（穴あけパンチを使用）などがある。作品のテーマについては、【資料7-1】を参照。

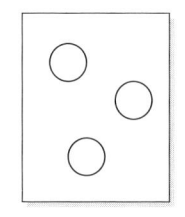

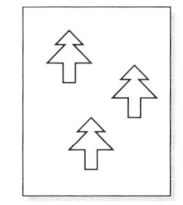

型紙の例

- 作品を作り終えたら、シェアリング（分かち合い）を行う。グループごとに自分の作品を紹介するが、作品のイメージ、制作過程や今の自分の気持ちや身体の感じなどをシェアし合う。グループ全員の作品を寄せ集めて、みなで眺めてシェアするのもよい。

★留意点
- 他の絵画療法と同様、「上手、下手を意識しないこと」をはじめに伝えておく。
- 自由な表現ツールではあるが、パステルは初めてで戸惑う参加者もいるので、混色やその扱いに慣れるために教示に従って練習する課題から導入するとスムーズに取り組める。
- また、星、丸、波、モミの木などの型を切り抜いた紙（はがき）を型紙として用意しておいてもよい。
- 臨床現場に導入する場合には、対象者の精神的健康度によっては、自由度が高くなりすぎない工夫（型紙の使用）や、粉末状のパステルを前もって用意したり、パステルを直接脱脂綿に擦りつけたりしてカッター使用を避けることも必要になってくる。
- 作品には、その人らしさだけでなく、抱えている問題も現れることがあるので、さりげなくフォローすることも必要である。

★作品例

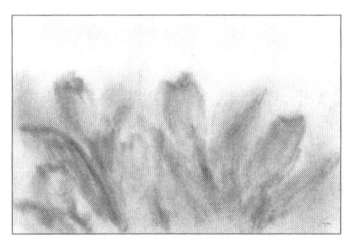

チューリップ

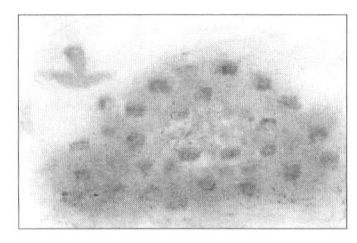

あじさい

虹

参加者の感想から

- 色に触れることで癒されていく感じが楽しかった。
- パステルの柔らかい雰囲気に興味があって参加した。描いているうちに、色の重なりが魚に見えてきて、魚を海の中に入れてみたりと、とても楽しい時間だった。
- 絵はとても苦手。あえて利き手でない左手でやったのが楽しかった。誕生祝いカードなどを作ってみたい。
- 児童養護施設の思春期の女の子グループでやってみたいと思った。
- 光と遊んだ感じで気分が明るくなった。
- 夢中になった。今、気持ちが落ち着き不思議な達成感がある。
- 初パステルでドキドキ、ワクワクしながら参加した。いつもは自分が専門家としてリードする側だが、ガイドしていただくよさも感じた。日々自分で楽しんだり、臨床現場に取り入れたりできるよう馴染んでいこうと思う。

第5章 事例から学ぶ子育て電話相談

第1章において現在の子育て事情について概観し、第2章、第3章において「こども相談室」での相談実践を通して得られた知見をまとめ、子育て電話相談における基本姿勢、相談の進め方について詳細を述べた。さらに、第4章において、電話相談を行う場合に有効と思われるトレーニングプログラムを提案し、その応用として事例検討会の例を紹介した。

　第5章では、「こども相談室」に寄せられる事例のいくつかを紹介する。これまで述べてきた現在の子育て事情を踏まえてどのように子育て中の母親たちを支えているのか、子育て電話相談の基本姿勢や相談の進め方を具体的にどのように生かしているのかを事例を通して解説したい。「こども相談室」の実践の一端を紹介し、子育て電話相談の意義について再確認できればと考える。

　事例は子どもの年齢別に、その時期に特徴的と思われる相談を紹介したい。最後に、東日本大震災後に寄せられた震災に関わる相談も載せた。事例内の〈　〉は相談員の言葉である。事例の内容は、相談の守秘義務に考慮して一部改変してあることをご了承いただきたい。

1．乳幼児期の相談

（1）養育相談

　乳幼児期の子育て電話相談で特徴的な相談の1つ目は、乳幼児の養育についての心配である。

　母親は日々の子育ての中でいろいろなことが気になる。子どもの身体発達、授乳や食事、睡眠、病気などの生活面、健康面の心配や、言葉の遅れ、多動などの精神発達面の心配など多岐にわたる。さらに最近は育児雑誌やインターネットに子育て情報があふれ、情報がありすぎてかえって不安になる人もいる。

　また、乳幼児の子育てをしている母親は、子育てのちょっとした合間に電話をかけてくる。つまり、電話を切った後はすぐに日常へ戻っていかな

けなばならない。そのため、乳幼児期の子育て電話相談では、深く問題を掘り下げることよりも、相談者が少しでも元気になったり、安心できたり、気持ちの余裕を持てたりすることを目指している。基本姿勢の小さな変化に着目して「できることから始めよう」「相談者を応援する姿勢」といった日々の子育てを支えていく相談員の姿勢が求められる。

　乳幼児期では、深刻な問題がある場合には地域の機関に相談していることが多い。むしろ、わざわざ相談機関に行くほどではないが心配だという場合に、「こども相談室」の電話相談が利用されているようである。しかし、電話相談では子どもを観察することができないので判断が難しい場合がある。実際に子どもを見てアセスメントしてもらうために、地域の相談機関を利用するよう勧めることも忘れてはならない。

＊事例1　新生児の母親からの相談
　　　　──寝息が聞こえないことや、ミルクの時間のことが気になっている

　あの、産まれたばかりの子どもで、退院してまだ1、2週間です。〈産まれたばかりですね。〉それで、今、家にいて子どもとずっと2人きりなのです。女の子で静かなのですが、寝ている時間が長くて、ずっと寝ていると息をしていないんじゃないかと思ってしまって……。〈息をしていないんじゃないかと気になる。〉そんなことってありますか？〈いえ、赤ちゃんでも息はしています。〉そうですよね（笑）。でも気になると寝ているところへ顔を近づけて、ああ息をしているのかなと。それでも寝息がよくわからないことがあると、目が覚めるまで心配になってしまって。〈寝息に耳を傾けていて目が覚めるとホッとする。ずっとそばでお子さんのことを気にかけているのですね。〉そうなんです。それからよく寝る子なので、3時間以上寝てしまうとミルクの時間なのに飲まなくていいのかなと思うのですけど、起こしたほうがいいですか？〈3時間というのは大体の目安ですから、それよりもっと長く寝ることもあるし、短いこともあるし、起きたときでいいですよ。〉そうですね。起こすのはかわいそうな気がして起こしていません。いろいろ自分で調べたり、育児雑誌なんかを見たりしても、書いて

いないことはどうしたらいいのか、余計に気になって。〈よく調べていますね。でも書いていないこともありますね。誰かお手伝いしてくれる人はいますか？〉いえ、うちは両方の実家が遠いし、私の母も働いているので、出産もここだったし、親にはたまに電話するくらいです。〈1人で頑張っていますね。〉夫も仕事で帰りが遅いし、聞いても「息してるに決まってるだろ！」という答えであまり話し合えないというか。日曜日は子どもを少し見てくれましたけど。

　〈気になることがあったらいつでも気軽に電話してください。また、1か月健診での相談や、子どもがもう少し大きくなったら子育て広場などの行政サービスも利用できます。赤ちゃんはだんだん体も大きくなるし、寝息もはっきりしてきますし、起きている時間も長くなります。〉わかりました。ありがとうございました。

＊事例2　1歳4か月男児の母親からの相談
　　　──言葉が遅いような気がする

　うちに1歳4か月の息子がいるのですが、何だか言葉が遅いような気がするのです。もうすぐ1歳半健診もあるのに、まだマンマなのか、ママなのか、はっきりしないし、ババババとかダーとかしか言わなくて……〈言葉が遅いのではないかと、心配なさっているのですね。〉初めての子どもなので、よくわからないし、仲のいいお母さん友達のところは女の子だからか、もっといっぱいしゃべっているのです。公園や児童館で会うママたちは、男の子はゆっくりだよと言ってくれるのですが。ネットで調べても、うちの子にあてはまるのかどうかよくわからなくなって。〈ほかのお母さんと話したりネットで情報を見たりして、でもうちの子はどうなのかわからなくなってしまう。〉はい。お姑さんから「しゃべらないのは、テレビに子育てをさせているからじゃないか」なんて言われて。〈そんなふうに言われたら、つらいですよね。〉はい。〈お子さんを公園や児童館にも連れて行かれ、頑張っていらっしゃいますね。〉はい。

　〈お聞きしてもいいですか。お子さんは名前を呼んだら振り向くとか、お

母さんの言っていることがわかっている様子ですか？〉あ、はい。それは大丈夫です。「ごはんだよ」と言うと椅子に座りますし、公園から帰るときに「バイバイね」と言うと手を振ります。言葉はわかってはいるような気がします。でも、1歳半健診で何か言われたらショックだから、電話で前もって聞いてみようと思って。〈電話なのではっきりお答えできませんが、聞こえに問題がなく理解しているようなので、もう少し様子を見てもいいのかもしれませんね。〉そう言われると安心なような、かえって不安が先延ばしされるような気がします。〈では、かかりつけのお医者さんや、保健所の保健師さんに聞いてみては？　お母さん友達やお姑さんではなく、専門の人に見てもらうと安心できるかもしれませんね。〉それはそうですね。ちょっと連絡を取ってみます。

(2) 虐待が心配される相談

　2つ目は、虐待が心配される事例である。乳幼児期の子育て電話相談では、常に虐待のサインに気づけるようにアンテナを張っていなければならない。

　虐待の相談で、緊急性の高いケースは地域の相談機関や虐待専門の電話相談などが対応している。「こども相談室」には、虐待のグレーゾーンと思われる相談が多い。今、怒ってしまった、たたいてしまいそう、という相談もあるし、子育てへのイライラを慢性的に抱えている場合もある。昼間は母親と子どもの2人きりで、子育ての協力者がいない場合などは煮詰まってしまうこともある。このようないわゆる密室の育児で困ったときや行き詰まったときに、外とつながりやすいツールの1つが電話相談であろう。相談を受ける際には、特に状況のアセスメントには留意し、「今、ここでの気持ちを聴いていく」「他機関を上手に利用する」などの基本姿勢を忘れないように心がけたい。「こども相談室」の子育て電話相談が虐待の予防、虐待の回避に、何らかの役割が果たせていると考えている。

＊事例3　2歳女児の母親からの相談
　　　——子どものわがままが強くなって、子育てに疲れてしまった

　2歳の女の子。子育てに疲れてしまいました。わがままが強くなって、思い通りにならないと泣き叫ぶ。〈わがままが強くなってきたのですね。〉「ダメ」と言っても聞かないで「もう1回、もう1回」としつこく泣きわめきます。水道を勝手にいじって水遊びするし、おもちゃをベランダから外に投げる。下の子におっぱいをあげていると、そういうことをする。〈赤ちゃんもいるのですね。2人の子育ては大変ですね。〉イライラして大声で怒ってしまいます。それでもやめないので、「勝手にしろ」と冷たく無視してしまう。そうすると、「ママ〜」と甘えたようにこっちにくるけれど、「うるさい！」とつきはなしてしまうのです。怒っているうちに、私、何を怒っていたのかわからなくなってしまって。私が感情的になって、収拾がつかなくなってしまって……。言葉の暴力ですよね。

　〈感情的になってブレーキがきかなくなってしまうのですね。2歳は反抗的になる年齢です。下の子が生まれたことも背景にあるかもしれませんね。ところで、わがままを言わないときがありますか？〉下の子が寝たときとか買い物に行くときは、いい子ですね。〈では、そういうときに一緒に遊んだり、スキンシップしたりしてみてはどうでしょう。〉抱っこくらいなら。〈いいですね。それから、疲れたときは、子ども家庭支援センター、保育園等の一時保育なども利用してみてはいかがでしょうか。〉そういうところを使ってもいいんですね。ありがとうございました。

＊事例4　3歳男児の母親からの相談
　　　——おもらしをする子を怒ってたたいてしまう

　（子どもの泣き声が聞こえている）上の子のトイレットトレーニングのことでどうしたらいいか。周りの子はオムツが取れているのに、どうしてうちの子は！〈お子さんの泣き声が聞こえますが、大丈夫ですか？〉今も、おもらしをしたので、すごく怒ったのです。もう放ってあります。

毎日トイレに連れて行こうとしても、嫌がって大泣きする。声かけしても「出ない」と言うのに、気がついたらおもらししていて。頭にきて、大声で怒ってお尻をたたいています。もうすぐ4歳になるのに、おもらしをしてもヘラヘラとしていて、親をバカにしたような態度で、わざと困らせているのでしょうか。

　（子どもの声が静かになる）〈お子さん、大丈夫ですか？〉今、寝ちゃったみたい。トイレットトレーニングは1歳から始めました。ずっとやってきて、少し教えるようになったのに、また最近は反抗的で、うんざりします。おもらししてヘラヘラされると、カッときて止められないのです。幼稚園ではみんなと一緒だとトイレに行くみたい。余計に、どうしてうちではしないのかって。母には「まだなの？」「昔はすぐに取ったものよ」と言われて。

　私だけうまくいかない。自己嫌悪。〈子育ても、トイレの練習も頑張っていらっしゃいますね。でも頑張りすぎて、今は空回りしているかもしれないですね。少しトイレの練習を休んでもいいのでは。〉はあ、休んでもいいのですか。〈休み休み気長にやってはどうでしょうか。年齢としてまだ心配ないと思いますよ。〉話しているうちに落ち着いてきました。こんなとき、自分では止められないし、誰かに話さずにはいられなくて。〈今日のように、電話相談を使って、上手に気持ちを切り替えていらっしゃると思います。〉聞いてくれてありがとうございました。

---

(3) 母親同士の付き合い方

　3つ目は、母親同士の人間関係の相談を取り上げたい。「こども相談室」では、子どものことを話しながら、実は自分自身の相談をしたいという母親は多い。「公園デビュー」や「ママ友」という言葉が使われるようになり、母親同士の人間関係の相談が増えてきている。さらに、最近はメールやインターネットなどのツールが発展し、問題をより複雑にしている。

　ここで紹介する事例では、傾聴し、ペース合わせをし、問題の意味のとらえ直しなどに留意していくことで相談が展開していっている。

＊事例5　5歳女児の母親からの相談
　　　──幼稚園のお母さん集団に入りづらい

　子どもは年長なのですが、幼稚園のお迎えに行くとなかなか帰ってくれないのです。園庭でほかのお友達といつまでも遊んでいて。でもそれはいいのですが、実は、私が緊張しやすいというか、お母さんたちの集団に入ると緊張するのです。〈お母さんたちの集団で緊張しやすい……〉はい、幼稚園の送り迎えでお母さんたちに会って、特にお迎えのときは、お母さんたちがグループで輪になって子どもを待っていて、どう入っていけばいいのか……。声をかけられることもあるのですが、みんなが仲良く話しているのに、私が話しかけると嫌がられるのでは、迷惑なのではと思ってしまいます。〈声をかけられるけど、迷惑なのではと思ってしまう……〉

　自分の性格が問題っていうことはわかっています。無口で言葉がぱっと出てこない。あいさつをして、そのあとが続かないのです。自然に話せるといいのですが。自己嫌悪です。こういう母親っていますか。子どもはお友達と遊んでいて楽しそうでそれは安心なのですが、私はどっと疲れます。〈毎日のことだから、疲れますね。それでも、あいさつは頑張っているのですね。〉

　幼稚園の先生と話すときも緊張します。それで、なるべく連絡帳を使うようにしています。書くのは大変ですが、緊張しないので。〈先生に対してお母さんなりに連絡帳を使って緊張しない工夫をされているのですね。〉はい。今日も誕生会の参観があって、緊張するけれど子どものためと思って見に行きました。

　〈お子さんが楽しく遊べているのは、お母さんが、幼稚園でお母さんたちの中にいて、あいさつなどをきちんとされてきたからではないでしょうか。これまでお母さん同士のトラブルなどもなかったようですし。〉はい、トラブルはなくてホッとしています。こんな付き合い方でもいいのですね。〈緊張することも多いのに、お子さんのためによくやっていらっしゃると思います。〉そうですね、少し元気が出てきました。

✳事例6　3歳男児の母親からの相談
――お母さん友達とのトラブル

　子ども同士のちょっとしたことが大きくなってしまって。子どもは年少で、幼稚園でママ同士もお友達ができて楽しくやっていたのですが……。うまくいかなくなって。

　きっかけはちょっとしたことで、うちの子がお友達をぶってしまって、やり返されて、けんかというかお互いにやったりやられたり。それで、「ごめんなさい」って子どもたちは仲直りしてよかったと思ったら、その子のお母さんがメールで私に文句を言ってきたのです。「うちの子は悪くなかったのに、○○さんはうちの子に無理やり謝らせた」という内容。そんな、まさかと思いました。そのあとも、「うちの子は○○ちゃんのママのことを恐がっている」「うちの子に謝ってほしい」ときついメールがくるのです。〈けんかの仲直りができたと思ったら、相手のお母さんは違う受け取り方だったのですね。〉

　そのあとみんなから、「○○ちゃんはやんちゃの度を越えている」「しつけって大事よね」といったメールがきて。みんなに責められて、どうすればいいのか。息が苦しくなって。明日も幼稚園があるけれど、休ませようかと思って……。〈相手のお母さんは仲直りのことが納得できないようですね。でも、他のお母さんたちは便乗してメールを送っているのでは。みんなが責めているとは思えないのですが。〉そうでしょうか。仲直りのことを納得してもらえれば大丈夫でしょうか。〈まずはそこを納得してもらえると。〉きっと、先にやったのがうちの子だったのに、2人とも謝りましょうというのがダメだったのかもしれません。これからでも謝ってみます。高校の頃のことを思い出して焦ってしまいました。高校の頃にメールでいじめみたいなことがあって、ああいうのはもう嫌なので。相談してよかったです。〈また困ったことが出てきたらお電話ください。〉

2．学齢期の相談

（1）いじめや不登校についての相談

　学齢期になると、子どもは1日の多くの時間を学校で過ごす。幼稚園や保育園では大人の目が行き届いていたが、小学校に入ると子どもだけで活動することが増え、子どもは自立していく。親にとっては子どもの行動が見えなくなるので、学校で問題が起これば、学校の先生との関わりが必要になる。母親にとっては先生との関わりが助けともなり、悩みともなるようである。

　学齢期の相談の中では、いじめや不登校の問題は深刻である。背景に友達関係、先生との関係、環境の変化、子どもの性格や社会性、学力、家族の状況など、さまざまな要因が絡み合っている。「こども相談室」の子育て電話相談のように一回性の相談の場合、いじめや不登校を解決することは難しい。むしろ、混乱している母親の話を聴いて、気持ちを落ち着けたり、できていることを整理したりすることが求められているかもしれない。「今、ここでの気持ちを聴いていく」「できることから始めよう」といった基本姿勢を確認し、母親の不安に寄り添い、一緒に子どもの成長を見守っていけるような聴き方を提案したい。

　また、学校の先生やスクールカウンセラーに相談したり、教育相談室など「他機関を上手に利用する」ことができるように相談者を支えていくことも必要である。

＊事例7　小5女児の母親からの相談
　　　──いじめがあるのではないか、学校に行きたくないと言う

　小5の娘のことです。いじめではないかと気になっているのです。
〈いじめではないかと？〉はい、ものがよくなくなります。買ってあげたばかりの下敷きとかストラップとか消しゴムとか。聞くと友達にあげたと言

うのですが。他には、教科書が破れていたこともあったし、教科書に靴の跡があって踏まれたのだと思います。〈持ち物や教科書のことから気になっていらっしゃるのですね。〉

実は、娘の部屋のノートに「死ね死ね」と書いてあったのです。うちの子が自分で書いたのだと思います。娘に「これは何?」と聞いたら、突然泣き出して、「もう学校に行きたくない」と。それ以上話してくれなくて。〈それは心配ですね。ところで、娘さんはどんなお子さんでしょうか。〉

どちらかというと、おとなしいほうで、あまり言い返したりできない子なので、これまでも強引な子と仲良くなって嫌な思いをしたり、3人組で仲間外れにされたこともありました。でもこれまでは全部話してくれたので、私もアドバイスをしてやってきたのです。〈友達関係で困ったことは話してくれていて、お母さんも一緒に考えてあげてきた。〉はい。でも今度は何も話してくれなくて、気持ちがすさんでしまっているようで、今日はどうしても行かないというので休ませました。よかったのでしょうか。〈お話をうかがっていると、娘さんは何か困っていることがありそうですね。今日お休みさせてあげたのはよかったと思いますよ。〉明日も行きたくないと言ったらどうしたらいいのでしょうか。〈まず気持ちをゆっくりさせて、おいしいものでも食べて、それからどうするか考えてもいいかもしれません。〉ああ、そうですね。焦っていたみたいです。学校の先生が放課後に来てくれるようなので、相談してみます。

....

＊事例8　小6男児の母親からの相談
　　　　──不登校が続いていて、ひきこもりになってしまうのではないか
....

小4のときから不登校です。担任やスクールカウンセラーに相談して、小4の頃は保健室に通ったり、時々教室に行ったりしていたのですが、小5ではスクールカウンセラーの来る日に相談室にだけ行って、後はほとんど学校には行かなくなって、でも移動教室だけは参加できていたのです。小6になってスクールカウンセラーが別の人になって行かなくなってしまいました。〈これまで学校で相談されて少しでも登校できるようにと、やっ

てこられたのですね。でも小6になって行かなくなってしまった。〉はい、このままではひきこもりになってしまうのではないかと思って。

　私も主人も昼間は仕事をしています。たぶんゲームかパソコンかマンガを読んだりしていると思います。あとは生き物の世話。学校のこと以外は普通です。〈お子さんは、家の中では普通にできているのですね。〉はい、家族としゃべったり笑ったり。土日に家族で買い物とかバッティングセンターとか外食とかは一緒に出かけます。「どうするの？」とか言わないようにして、言い争いはしなくなりました。〈お母さんもそっとしてあげていて、学校のこと以外では、気持ちも落ち着いて過ごせているのですね。ご家族も仲がよくていいですね。〉はい、でもこのままだとひきこもりになるのではないかと思って。教育相談室はどうかと考えているところです。あとは適応指導教室も。〈具体的なことも考えておられるのですね。何かできるのではと。〉はい。話していて、何だか後押しされたみたいで、連絡してみようと思います。

（2）発達障害についての相談

　発達障害についての相談が最近増えてきている。相談では、発達障害ではないかと不安になっているという相談、誰かから指摘されて戸惑っているという相談、診断されたがどう対応したらいいのかという相談、周囲に理解してもらえないという相談などさまざまである。また、子どもの年齢によってもいろいろな主訴となって相談が寄せられる。例えば、乳幼児期では、言葉や行動面の問題、学校に入ると学習、友達関係、親子関係、集団不適応、不登校、いじめなどと多様である。また、相談者の発達障害への理解についても、インターネットなどの断片的なものから専門的なものまで幅広い。

　このように、発達障害の相談では多様な相談が寄せられるので、相談員は子どもの状態をアセスメントすると同時に、相談者の相談したいことは何かを注意深く聴くことが求められる。すなわち、疾病性には十分留意するが、相談員が発達障害という問題に焦点を当てがちであることを意識

し、疾病性だけでなく事例性にも着目し、「誰が何を問題にしているのか」を聴いていくよう心がけたい。ここでは、学齢期の事例を2例紹介する。

＊事例9　小3男児の母親からの相談
──学校に呼ばれて発達障害かもしれないと言われた

　学校で発達障害かもしれない、病院に行ってくださいと言われたのです。今、小3ですが、小3になって担任も変わり、1学期の終わりの面談でそう言われました。校長先生も同席していて、真っ白になってしまいました。突然言われてびっくりして。〈突然でびっくりされたのですね。〉はい。

　小1では活発な子で、授業中の立ち歩きがありました。座れるようになってきました。小1と小2の先生は様子を見ていきましょうと言ってくれたのです。小3の先生は、もう手に負えないという感じで……。落ち着きがないし、先生の話は聞いていない、けんかはしょっちゅうだと言われました。それは確かにそうですが、私は、宿題もやらせているし、忘れ物もしないようにみてきました。子どもは漢字や計算も頑張って、できるようになったこともあるのに。〈お母さんはよくお子さんの面倒をみてこられて、できるようになったことも増えてきたのですね。〉はい、そうなのです。毎日子どもと格闘です。言うことをなかなか聞かないので……。〈お母さんも苦労されていて、お子さんのことでは何とかしたいと。〉はい、先生はさじを投げられたようで……。うちの子をもっとよく見てほしいのです。私から見ると、クラスには他にもうちの子のような子がいて。クラスの環境の影響もあると思っています。〈先生にもよく見てもらいたいと思っていらっしゃるのですね。〉

　発達障害かもしれないと言われても、どうしたらいいのか。校長先生も出てきて、決めつけられたようでショックです。病院に行かないとダメなのでしょうか。〈学校でも困っていて、家でも毎日格闘している、お子さんへの対応で何かいいヒントを見つけたいというのは同じかもしれませんね。〉はい、そんなヒントがあれば。〈その解決策の1つとして病院とおっしゃったのかもしれませんね。〉病院に行くとどうなるのでしょうか。〈病

院では、お子さんの状態を客観的にとらえてくれて、お子さんへの接し方のヒントを教えてもらえると思います。〉そうですか、何だかカーッとなってしまって、落ち着いて考えてみます。

＊事例10　小2男児の母親からの相談
　　　　──広汎性発達障害と診断されているが、学校でうまくいかずに困っている

　幼児期に広汎性発達障害と診断を受けて、今も病院に通っています。小学校でもいろいろあって通級（特別支援学級の通級による指導）にも通っています。

　でも、問題は在籍校で起きるのです。今まで友達と遊びたがらなかったのに最近遊びたがるようになって、それはうれしいのですが、友達に生意気なことを言ったり、しつこく言い張ったりしてトラブルになるのです。そして、友達に嫌がられる、仲間外れにされるということに。〈友達と遊ぶのはうれしいけれど、トラブルも起きる。〉ええ、「どうしてみんなに合わせられないの？　しつこいのは嫌われるよ」と子どもに言ってしまったのです。そうしたら子どもは「それなら1人で遊ぶからいいよ」と言うのです。ああ、何てことを言ってしまったのだろうと。一番わかってあげなきゃいけないのに。〈わかってあげなきゃいけないのに、つい言ってしまった。〉

　友達の家に誘われることもあるのですが、行くと興奮して収拾がつかなくなるので行かせないようにして、うちに来てもらっていました。この前、誘われたときは「どうしても行く」と泣いたのです。そのときは我慢させました。それでよかったのでしょうか。〈お子さんのためにと思ってやっているけれど、それでよかったのかと。〉友達と遊びたいのを止めさせて……。トラブルが怖いのは私かもしれません。〈トラブルが起きないように、どうしたらいいのかと迷いながらやってこられたのですね。〉

　小さなことですが、いろいろ起こります。担任の先生はいい先生なのですが、発達障害と伝えても見た目が普通なので、よく理解してもらえなくて……。日頃の相談ができるところがないのです。〈学校にはスクールカウンセラーがいますが、相談されたことは？　地域の教育相談室もあります

よ。〉いいえ、まだです。〈お子さんのことも見てくれて、お母さんと一緒に日々のいろいろなことを考えてくれると思います。〉こうやって聞いてもらって心穏やかになりました。スクールカウンセラーに相談してみようと思います。

(3) その他

　学齢期の相談として、他に習癖の相談と教育方針についての相談を紹介したい。
　習癖とは、チック、抜毛、吃音、爪かみ、指しゃぶりなどの癖のことである。これらには、身体とこころの両面からのアプローチを念頭に置いて相談を受けている。学齢期では、それが子どものストレスのサインではないか、いじめられるきっかけとなるのではないかと親は心配する。事例のように、子どものサインに気づいて親自身の子育てを振り返るきっかけになることもある。
　また、最近の子育て事情として、おけいこごとや受験など教育に熱心な親が増え、過熱している状況がある。教育産業も盛んでそれに振り回される親も多いと思う。子どもの教育にばかり目が向くと、子どもが元気でいること、笑顔でいることへの感謝を忘れてしまうことがある。子育て電話相談では、私たち相談員が相談者である母親たちから、子育てで大事なことは何かを教えてもらうことも多い。

＊事例11　小１女児の母親からの相談
　　　——学校に入学してチックが始まった

　学校に入学してからチックが始まりました。テレビを見ているときとかに目をぱちぱちさせ、首を振る。何かと思っていたのですが、ネットで調べて、これってチックというのだと思います。
　何かストレスがあるかもしれないと書いてありましたが、ストレスがあるようには思えないのです。勉強も楽しくやっているし、学校にも元気に

出かけていく。宿題もきちんとやるし、学校の準備も1人でできるのです。〈きちんとできるお子さんなのですね。〉

　お姉ちゃんとは大違いなのです。お姉ちゃんのことはだらしなくてしょっちゅう怒っていますけど、この子のことはほとんど怒らないです。〈お姉ちゃんのことを怒っていらっしゃる。〉はい、怒られるようなことをする子で。でも、この子は、それを見ているからか、全然違って、怒られるようなことはしないのです。〈下のお子さんは上のお子さんが怒られるのを見て、怒られないようにしている。〉

　何が原因でチックになっているのか。学校でも出ていたら、周りの子に何か言われないかと心配です。……もしかして、いい子過ぎてそれがストレスになっているということってありますか。自分で怒られないようにしているのかなと思ったものですから。〈そういうことも考えられますね。ずっといい子でいるのは大変かもしれません。〉じゃあ、そんなストレスもあるのかも。お姉ちゃんがピアノの発表会前で、私、毎日のように怒鳴っていました。ちょっと気をつけてみます。

　〈それから、もし続くようなら、小児科や小児神経科などでみてもらうといいですよ。〉わかりました。ありがとうございます。

＊事例12　小5女児の母親からの相談
　　　　──教育方針がお姑さんと違っていて、何かと言われる

　小5の娘がいます。子育てをしていて、自分とお姑さんの考え方が違っているのがつらくて。〈考え方の違いがつらい……〉はい。

　夫の家は学歴重視の家で、これまでもお姑さんとはいろいろなことでぶつかってきました。〈ぶつかってこられた。〉はい、近くに住んでいて、子どもの学校の行事にも欠かさず来ます。かわいがってくれるというか……。

　娘のおけいこごとも、ピアノやスイミングはやらせたほうがいい、塾は有名な○○塾にするようにと、うるさく言うのです。私も習わせたいことがあって意見も言ってきましたが、通らないので、言われたようにやってきました。〈お母さんも意見を言ってきたのですね。でも譲ってきた。〉譲

るというか、あっちが強いので仕方なくというか。〈これまで何とか折り合いをつけてきたのですね。〉家庭にけんかを持ち込まないようにと思ってやってきました。〈家庭のことを考えてこられたのですね。〉そうなのか。

また、中学受験のことでもめています。私はこの子が行きたい学校がいいと思うのですが、お姑さんはここと決めていて。〈お母さんの行かせたい学校とお姑さんとは違う。〉はい。でも、夫もどっちもいいのではと言って、子どもはどこでもいいよと。何だか私だけがこだわっているようで。お姑さんはすごく自信があって、信念というのか、すごい人なのです。

話しているうちに、まあいいかなと。私は娘といっぱい遊んで子育てを楽しんだほうがいいと思って。〈そうですね。子育てを楽しめるっていいですね。〉娘が自己主張するようになったら応援してあげようと思います。

3. 思春期の相談

思春期になると、親子の関係には変化が生じる。子どもはそれまで親から教えられてきた価値観を、自分なりのものにつくり直していこうとする。その際に、親に対して距離をとってみたり、反抗してみたりする。こういった子どもの急激な変化に親はどう関わったらいいのかと戸惑う。時には子どもから親自身の生き方を問われることもある。

このような相談の場合、すぐには結論が出ないことが多い。そこで、何かを解決しようとするよりも、傾聴に努めて「今、ここでの気持ちを聴いていく」「相談者を応援する姿勢」を心がけることが必要であろう。

＊事例13　中1男子の母親からの相談
　　　　──暴言や暴力がすごくなった

中学1年の長男のことなのですが、暴言や暴力がすごいのです。〈暴言や暴力がすごいのですね。〉友人を殴ったり、私に対しても殴ったり、物を振りかざしてきたりします。この前は椅子を投げてアパートの壁に穴があい

てしまいました。

　〈暴力が始まったのはいつ頃からですか?〉数か月ほど前からです。たぶん学校の友人関係がうまくいっていないのだと思います。まあ、本人なりの理由はあるのですが。〈理由というのは?〉サッカー部に入っているのですが、怪我をして練習に出なかったことで、仲間に文句を言われたみたいで、それで相手を殴ってしまったのです。家でもイライラして私に当たってくるので、疲れてしまって。〈イライラをぶつけられて、疲れてしまう……〉

　この前も友人のことでもめました。学校にあまり評判のよくない生徒がいて、その子とは付き合わないように言っていたのですが、最近、遊び仲間として付き合っていることがわかって、それで、やめるように言ったら、息子はものすごく怒って、物を投げてきて。それで、もう疲れてしまって、そのときは一歩引いて付き合いを認めたのですが、そうしたら落ち着きました。〈一歩引いたときは落ち着いたのですね。〉そうですね。そのときはしばらく落ち着いていました。〈息子さんと少し距離をとって、一歩引いた対応をするのがよさそうでしょうか?〉ええ。でも、息子と距離をとろうとしても、向こうから話しかけてきます。それでいて「うぜえんだよ」と言ったり。〈離れようとすると近づいてきたり、何か言ってきたりする。〉はい、よくわからないです。中学生なので、もう少し息子に任せてみてもいいのかもしれませんね。

＊事例14　中3女子の母親からの相談
　　──高校受験があるのに勉強をやろうとしない

　中3で高校受験でみなさん勉強しているっていうのに、うちの子は勉強をしない。試験勉強ができなかったのは、ママが夕飯を作るのが遅いからとか、テレビを見てからと思ったのに「勉強、勉強」と言われてやる気が出なくなったとか、何でも「ママのせいだ」と言うのです。勉強を自主的にやってくれるようにならないものでしょうか。〈勉強を自主的にやってほしい。〉はい。

なるべく勉強ができるように、洗濯とか部屋の掃除は私がやって、塾のお弁当も、夜は飲み物も作ってあげて。夫は「何もそこまでしなくても」と言うのですが。私は「母親だからしてあげないとかわいそう」と思って。私の小さい頃は母がずっと働いていて、何もしてもらえなかったから。でも、夫は「子どもが全然感謝してなくて、当たり前だと思っているから、自分でやらせたほうがいい」と言うのです。〈ご主人とはよく話をされているのですね。〉はい、夫の言うことはわかるけれど、私がやったほうが早いし。娘は塾が遅くて疲れていると思うし。でも、だらだらとソファーでいられるとむっときます。〈いろいろやってあげているのに、だらだらされるとむっとくるのですね。〉そうなのです。

　私がやらないと何もできない子で、勉強くらい自分でやってほしいのですが。過保護と言われるのですが、これじゃあ自主的にはならないとわかるのですが……。どうやらせればいいのか。〈それでも勉強を全然やらないわけではないのですよね。〉はい、私が強く言えば、いやいややります。〈自分から始めることはありますか？〉はい、たまに。〈そうですか。そこから認めてあげてはいかがでしょう。〉本当にたまになんですよ（笑）。やってみます。

✲事例15　高1女子の母親からの相談
　　　——高校になって帰りが遅くなり、誰とどこに行っているのかわからない

　最近何をしているのかわからなくて。高校になって、夜の帰りが遅くなったのです。女の子です。学校には行って、バイトをして帰ってくるのですが、土日はどこに行っているのか、夜なかなか帰ってこないのです。この前は12時頃まで帰ってこなくて。電話をすると出ないし、早く帰りなさいとメールを送っても無視される。誰と出かけているのか、どこに行っているのか、まったくわからないのですよ。〈聞いてみるとどうですか？〉高校の友達と一緒だよって、聞けば答えますけどね。

　一方的に「今から帰る」というメールを送ってきて、それは10時だったりする。〈帰るときにメールは送ってくるのですね。〉はい、そうなのです

が。お金は、カラオケに行くから、原宿に行くからというときはあげていて。〈お嬢さんは学校に行って、バイトもしていて、土日は友達と出かけて、お友達ともうまくやって、高校生活を楽しんでいるようですね。〉

はい、前に、うちに大勢の子がやってきて夜遅くまでしゃべっていました。女の子が早く帰らなくていいのか、他の親はどうなのだろうと思っていたのですが、「連絡してあります」「うちは大丈夫なので」と。いまどきの高校生って、こうなんでしょうか。あまり干渉してもいけないかと、そのままにしていたら10時頃に帰って行きました。みんないい子たちで、こういう子と会っているのなら安心なのですが。〈お友達の顔を見ると安心できますね。〉

携帯でやりとりされるので、まったく見えないんですよ。こんなものなのでしょうか。親は必要じゃなくなったっていうか、子どもが離れていくっていうか。聞いてもらって、落ち着きました。

4．東日本大震災に関わる相談

2011年3月11日の東日本大震災の後、「こども相談室」では、震災後の子どもの心のケアについての相談を受けてきた。通常利用している東京や近郊の人以外にも、被災地から避難してきた人から相談が寄せられた。相談内容は震災をきっかけとした子どもの体調不良、情緒不安定、環境の変化、遊びの変化、放射線への不安などであった。非常時には、相談機関へ出かけての相談は難しく、子育て電話相談は利用しやすいツールだったのではないだろうか。

電話相談では、相談者の震災によるショックや喪失体験に思いを馳せて、丁寧に聴くところから始まる。親である相談者自身も被災者であるので、子どもの相談をしながら、親が自分の気持ちを語り、聴いてもらえる場となっているという意味も大きい。相談の進め方としては、傾聴、ペース合わせをじっくり行う。そして、大きな事件・事故後に起こる子どもの自然な反応と周囲の大人の対応について心理教育を行うとともに、その子

どもの個別の事情に沿って聴いていくことが求められる。また、被災地から避難してきた人などに、地域の情報や最新の情報を伝えられるような準備も必要である。その際に、地理的に不案内で、不慣れな場所へ出かけることへの不安にも配慮して、「他機関を上手に利用」できるよう丁寧な説明に努めたい。

　なお、震災後1年目以降は、中長期の心のケアという視点を持って、周囲が日常を取り戻していく中で取り残される感じや、孤立感や無力感などに留意して相談を受けていきたい。

＊事例16　東日本大震災後1か月頃の相談
　　　　――2人の子どもを連れて被災地から東京へ避難してきた

　被災地から東京の実家へ避難してきました。下の子は幼稚園ですが、夜泣きが始まって、すぐお腹が痛いと言うようになりました。大きな音や、1人になるのを怖がってずっとべたべたそばにくっついてきます。それから地震ごっこをして遊んでいます。こういうことが続いていて大丈夫なのだろうかと心配なのです。〈下のお子さんは気持ちが落ち着かない様子なのですね。〉

　上の子は小2なのですが、新しい学校に入って、なじめるかなと思っていましたが、慣れてきて、友達もできてホッとしているのです。〈慣れてくれてホッとしている……〉はい。でも、前の学校のことはなぜか話さないのです。話さないというのも気になって。我慢しているのでしょうか。宿題などがなかなかできず、集中できず、イライラしている感じがしています。

　〈震災後に避難、お引っ越し、転園や転校と、お母さんもお子さんたちも大変ご苦労をされてきたのですね。そんな中でも、お母さんはお子さんたちのことをよく見ていて、よく把握されていますね。〉（大地震など大きな災害後の自然な反応についてお話しした。）どの子にも同じようなことがあるのですね。少し安心しました。私がおろおろしていました。これから何を注意すればいいでしょう？〈下のお子さんは行動や言葉で不安な気持ち

が出せているので、スキンシップをして甘えさせてあげ、上のお子さんは頑張っていて、甘えべたのようなので、お母さんのほうから関わりを増やしてあげてはどうでしょうか。〉それならできそうです。

＊事例17　東日本大震災後１年３か月頃の相談
　　　　　──避難してきて頑張ってきたが、子どもが不登校になってしまった

　震災後に東京に引っ越しました。祖父母も一緒の大家族で住んでいたのですが、子どもが小さいので気になって、私たちだけ離れました。おじいちゃん、おばあちゃんっ子だったので、祖父母とも離れて暮らすこともさびしかったと思います。〈急に生活が変わってしまいましたね。〉はい、新しい幼稚園ではずっと登園しぶりがあって、でも無理に連れて行って何とか慣れてきました。この４月に入学して、１か月くらい学校へ行ったのです。ああもう大丈夫そうだなと思っていたら、連休明けから休み始めました。「嫌だ」と泣きわめいて、外へ出るのも嫌がっています。友達から言葉のアクセントのことをからかわれたり、震災のことを言われたりしたらしいのです。友達のことが信用できなくなっているようで……。〈学校に慣れたと思ったら、そんなことがあってつらかったでしょうね。〉

　私も土地柄の違いや新しい人間関係もあって、何とかやってきましたが、体調が悪くなり、心療内科を受診しました。〈お母さん自身も体調を崩されて。でもきちんと病院に行っていらっしゃる。〉

　（じっくりお話をうかがい、これまでの苦労をねぎらった。）

　子どもがこのままずっと学校に行けないのではないかと思って、どうしたらいいのでしょうか。どこへ相談に行けばいいのか。東京のことはわからないし、相談に行けるところはないでしょうか。

　〈学校内で、担任の先生やスクールカウンセラーに相談してみてはいかがでしょう。〉学校はちょっと……。特別と思われたくないので……。〈では、お住まいの近くの公立の相談機関や、被災地から避難してきた方の無料相談をしている相談機関などをご紹介しますね。〉今、書きとめます。〈まず電話で相談されるといいと思います。〉そうしてみます。

資 料

◆資料1-1　相談の基本姿勢・進め方

1．相談の基本姿勢

①誰が何を問題にしているのか
②今、ここでの気持ちを聴いていく
③できることから始めよう——健康度の見立て
④相談者を応援する姿勢
⑤他機関との連携・協働——他機関を上手に利用する

2．相談の進め方

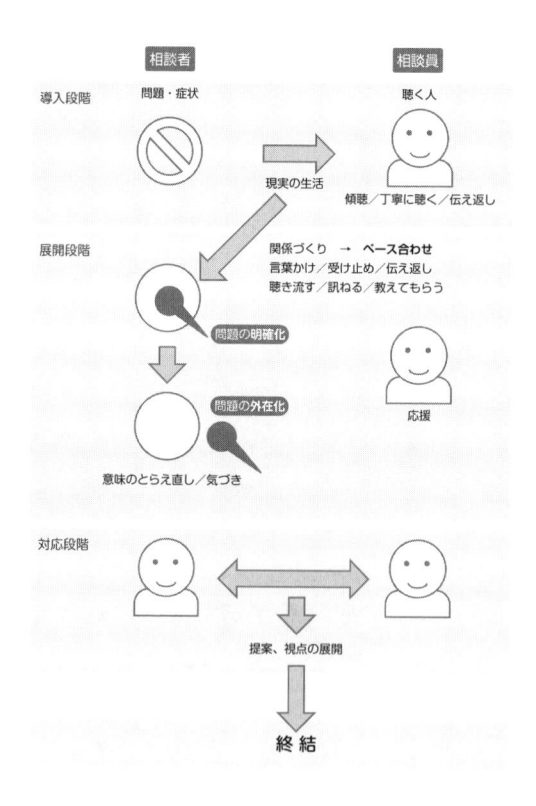

```
相談者                             相談員

導入段階   問題・症状              聴く人
            🚫
                  → 
              現実の生活          傾聴／丁寧に聴く／伝え返し

展開段階                   関係づくり → ペース合わせ
                          言葉かけ／受け止め／伝え返し
                          聴き流す／訊ねる／教えてもらう
            問題の明確化
                                      応援
            問題の外在化

          意味のとらえ直し／気づき

対応段階      😊   ←→   😊
                    ↓
                提案、視点の展開
                    ↓
                  終　結
```

◆資料1-2　関係づくりと伝え返し

相談は、導入段階、展開段階、対応段階を経て、終結に至る。

- **導入段階**：相談者が話し出す時期。ペースを合わせ、相談者と関係をつくっていく
- **展開段階**：相談の内容を明確にしていく段階
- **対応段階**：相談を進める段階
- **終　　結**：相談のまとめ

関係づくりと伝え返しは、相談の全プロセスで用いられるが、話し始めの導入段階には特に重要である。

1．聴き手の態度・基本姿勢
①相談は、相談員が相談者と関係づくりをすることから始まる。相談員は、相談者が安心して話せるように、相談者が語り出すまで待ち、語り出したら、相談者の話を丁寧に聴いていく。相談者の語り出した言葉に注目しながら、相談者を受容し、共感的理解をすることを心がける。

②この段階では、あいづちを打つが、これは相談者の訴えを理解しよう、受け止めようとする態度であり、これまで相談者のしてきた苦労に対するねぎらいも含んでいる。

③相談員は、相談の中身を理解し、相談者の気持ちを受け止めるために、相手の思いや言葉を、相手の語った言葉のまま伝え返しながら、相談者の呼吸を感じ、相談者とのペース合わせをしていく。ペースが合ってくると相談者は相談員に思いをより伝えやすくなる。

④相談者は話しながら、自分の言いたいことをまとめていく。言いたいことに近い言葉を探しながら話す。相談員としては、相談者が何を相談したいのか、言えていない言葉、気持ちを聴き取っていく。相談者の語り

出す言葉を待つことも大切である。相談者の語り出したい言葉を先取りして奪わない。

2.「返し方」の具体的行動

相手との呼吸合わせをしながら、相談員は相談者の語り（話し）出しをじっくり待つ姿勢を保ち、待ちながら、相談者が話しやすい場をつくっていく。具体的な行動としては、あいづちを打ったり、相手の言葉や思いに対して、なぞり、言い換え、繰り返しなどをしたりして伝え返す。

◆資料1-3 「話し手に教えてもらう」ことについて

相談は、導入段階、展開段階、対応段階を経て、終結に至る。

- 導入段階：相談者が話し出す時期。ペースを合わせ、相談者と関係をつくっていく
- 展開段階：相談の内容を明確にしていく段階
- 対応段階：相談を進める段階
- 終　　結：相談のまとめ

「話し手に教えてもらう」働きかけは、相談の展開段階で主に行われる。

1. 聴き手の態度

①この段階では、相談員は問いかけをしながら、問題を明確化する。アセスメントをしながらの傾聴と質問の段階であり、聴き手としては、語り手に教えてもらう、説明してもらうことを念頭に置きながら聴いていく。

②相談者が何を言いたいのか、何を相談したいのかはっきりしない場合もある。相談者の語った言葉を使って、相談の内容を明確にしていく。また、語った言葉を使って、質問し、相談者の訴えを整理しながら進める。

③聴いていてわからなくなったら、相談者に説明してもらう。

2. 「返し方」の具体的行動

①相談者の訴えを整理する。相談の内容を明確にするために、相談者の語った言葉を使って質問をしたり、整理し確かめたりしながら聴く。

　＊例「お話をお聞きして、こういうように私は理解しました。これでよいでしょうか？」

②勝手な解釈や評価、批評はやめ、相談者が何を相談したいのかはっきりしない場合、相手の言った言葉で要約して問題を明確にする。何を相談したいのか言えていない言葉、気持ちを聴き取っていく。

③わからなくなったら相談者に説明してもらう。教えてもらう。

　＊例 「私、少しわからなくなりました。もう一度、説明していただけますか」

◆資料2　ロールプレイの実際

（1セッション20分）

1．準備（2分）
①役割（話し手、聴き手、オブザーバー）を決める。
②話し手は、事例のシートを受け取る（聴き手には見せない）。
③全員、ゆったりと呼吸をして気持ちが落ち着くのを待ち、自分の内側の感じに注意を向ける。
④役割に合わせた態度やあり方についての説明を聞く。
- 話し手：ロールの人物になったつもりで具体的な場面をイメージし、一番聴いてもらいたいことを思い浮かべる。
- 聴き手：落ち着いてそこにいて、話し手のために自分の内側に話を聴くスペースをつくる。
- オブザーバー：話し手と聴き手の関係を見守る立場でそこにいて、やりとりを観察する。

2．話し・聴く（10分）
①話し手：自分の内側を感じながらゆっくり話をする。
- 客観的な事柄だけではなく、その話で最も大切なことや、それについての内側の感じを言葉で表現する。

②聴き手：話し手の身になって、大事だと思った言葉を伝え返す。
- ここでは、自分の気持ちは話さない。思いやりのある優しい態度で、相手を受容しながら聴く。
- 必ずしも正確に返そうとしなくてよい（十分でないときには話し手が教えてくれる）。「そうではなくて……」のように、話し手に訂正されたら、自分の気持ちは脇に置いて、直して伝え返す。

③話し手：伝え返された言葉を聴き、自分の内側の感じに照らし合わせ

て確認する。
- 聴き手の言葉を聴いて、これが言いたかったことかどうかを確かめる。修正したり、注文をつけたりしてみる。さっきはそう言ったけれども本当に言いたいこととは違うことに気づいたら、必要に応じて聴き手に対して、「そうではなくて、……です」のように訂正する。
- 微妙な違いを大切に扱い、違っていたり、ずれていたりしたら、聴き手に改めて正確に伝え返してくれるように具体的にお願いをする

　　以上の①、②、③を繰り返す。

④話を終える。
- 制限時間（10分）の1分前になったら、オブザーバーが時間を告げ、話し手は、話の途中でも終わりの準備をして終了し、聴き手は話し手の話をまとめて返す。話し手は違っていたら修正して返す。

3. 振り返り（8分）
①話し手、聴き手、オブザーバーは振り返りシートに記入する。
②話したい内容を吟味してから、聴き手、話し手、オブザーバーの順に分かち合う。フィードバックは、お互いに今後のために役立つように伝える。

◆資料3-1　伝え返しのワークでの役割のとり方

✣聴き手（相談員）
- ゆったりした気持ちでそこにいる。
- 視線は合わせなくてもよい（電話相談の設定のため）。
- 話し手の言葉に注意を向ける。
- 話し手が語り出すまで待つ（話し手のペースに合わせる）。
- 一呼吸置いて、言葉を返す。
- 話し手の言った言葉を聴いて、そのままのフレーズで伝えてみる。
- 話し手の話が長い場合は、聴いていて大事だと思った事柄や言葉のみを、話し手の言った言葉のままで繰り返してみる。
- 要約はしない。
- わからなかったら、「ちょっとわからなかったので、もう一度言ってください」と言ってみる。
- 助言、解釈、問題解決に走らない。

✣話し手（相談者）
- 深呼吸してから話し始める。
- 聴き手と視線を合わせなくてもよい（電話相談の設定のため）。
- 役割の立場に立ってイメージをふくらませて、話してみる。
- 聴き手が聴くことができる程度に、区切って話す。
- 聴き手の伝え返しの言葉を聴いて、違う言葉を言いたくなったら訂正する。

✣オブザーバー
- 2人の関係を見守り、その場の安全を保つ。
- 客観的にやりとりを観察する。
- やりとりで重要だと思ったこと、雰囲気、感じたことなどを、セッションが終わってから振り返りシートに記入する。

◆資料3-2　話し手に教えてもらうワークでの役割のとり方

✤聴き手（相談員）
- ゆったりした気持ちでそこにいる。
- 視線は合わせなくてもよい（電話相談の設定のため）。
- 話し手の言葉に注意を向ける。
- 話し手が語り出すまで待つ（話し手のペースに合わせる）。
- 一呼吸置いて、言葉を返す。
- 話し手の言った言葉を聴いて、そのままのフレーズで伝えてみる。
- 話し手の話が長い場合は、聴いていて大事だと思った事柄や言葉のみを、話し手の言った言葉のままで繰り返してみる。
- 必ずしも正確に言葉を伝え返さなくてもよい。
- 要約はしない。
- わからなかったら、「ちょっとわからなかったので、もう一度言ってください」と言ってみる。
- 助言、解釈、問題解決に走らない。
- 相談者の言った言葉を使って確認し、話を整理しながら進める。
- 微妙な違いを丁寧に聴いていく。
- 相談者に教えてもらう体験をする。

✤話し手（相談者）
- 深呼吸してから話し始める。
- 聴き手と視線を合わせなくてもよい（電話相談の設定のため）。
- 役割の立場に立ってイメージをふくらませて、話してみる。
- 聴き手が聴くことができる程度に、区切って話す。
- 聴き手の伝え返しの言葉を聴いて、違う言葉を言いたくなったら訂正する。
- 問われたことに答えてみる。

✣**オブザーバー**
- 2人の関係を見守り、その場の安全を保つ。
- 客観的にやりとりを観察する。
- やりとりで重要だと思ったこと、雰囲気、感じたことなどを、セッションが終わってから振り返りシートに記入する。

＊下線は、【資料3-1】「伝え返しのワークでの役割のとり方」に新たに加えた項目。

◆資料3-3　傾聴とアセスメントを学ぶワークでの役割のとり方

✤聴き手（相談員）
- ゆったりした気持ちでそこにいる。
- 視線は合わせなくてもよい（電話相談の設定のため）。
- 話し手の言葉に注意を向ける。
- 話し手が語り出すまで待つ（話し手のペースに合わせる）。
- 一呼吸置いて、シナリオシートに沿って、話し手の状況や気持ちを想像しながら言葉を返す。

✤話し手（相談者）
- 深呼吸してから話し始める。
- 聴き手と視線を合わせなくてもよい（電話相談の設定のため）。
- シナリオシートに沿って、話し手の気持ちになって話をする。
- 聴き手が聴くことができる程度に、区切って話す。

✤オブザーバー
- 2人の関係を見守り、その場の安全を保つ。
- 客観的にやりとりを観察する。
- やりとりで重要だと思ったこと、雰囲気、感じたことなどを、セッションが終わってから振り返りシートに記入する。

◆資料4-1　ロールプレイに使用する事例

＊事例1　子どものことがかわいいと思えない私は、おかしいのでしょうか？

　2歳になる娘をどうしても好きになれない。赤ちゃんのころから、かわいいと思えなかった。すぐ泣くのでたたいたし、夜はなかなか寝ないのでしかりつけた。今は、いつも上目使いで、私を見ている。私の言うことは聞かないし、本当にかわいくない。子どもをかわいいと思えない私はおかしいのでしょうか。

〔背景〕
- 昼間は母子だけで過ごし、夫の帰宅は毎日遅く、相談できない。
- 夫の両親は近くに住んでいるが、来てもらうとかえって気を使う。
- 私の実家は遠く、母親は厳しい人なので、こんなことは相談できない。

◆資料4-2　ロールプレイに使用する事例

✽事例2　子どもが幼稚園でいじめられているので、その子の親に伝えたら気まずくなった。卒園までの1年間、その親とどう付き合っていったらよいでしょうか？

　5歳の娘がしつこくいじめられるので、以前から気にはなっていた。先日は娘が泣くまでやられたので、ぎりぎりの感じがして、その子の親に伝えたら、「何でそんなことを言うの！」とかえって怒られた。その後は、送り迎えのときに会っても無視されたり、話しかけても話したくないと言われたりしている。

〔背景〕
- いじめる子は落ち着きがなく、突然大声を出したり、乱暴なところがあったりするので、他の親はその子と遊ばせないようにしている。
- その子の親とはこの事件以前には仲良くしていて、その子のことで相談を受けたこともある。どこかの病院に通っているらしい。
- 卒園までのあと1年間、距離をとるつもりだが、かといって今の状態で毎日会うのは気まずい。

◆資料4-3　ロールプレイに使用する事例

＊事例3　夫の言動が許せない。私の言っていることは間違っていますか？

　5歳と3歳になる娘がいるが、今、5歳の娘の付き添いでピアノ教室に来ている。今朝、夫に私もピアノを習いたいと言ったら、「なにふざけているんだ！」と言われて、「何なのよ！　私はお手伝いさん？」と思ってしまった。夫はよく1人で海外旅行に行くので、私も行きたいと言ったら、「行きたければ、勝手に1人で行けば？」と言われた。「私は欲張りすぎですか？　奥さんには自由はないの？」と聞いたら、「世間一般の奥さんはそうだ！」って。「出て行く！」と啖呵を切って家を出たが、それも面倒で……。私の言っていることがわかりますか？

〔背景〕
- 6年間子どもに恵まれず、ようやく娘が2人生まれた。
- 夫から生活費は渡されているが、自分のために使う分はない。

◆資料4-4　ロールプレイに使用する事例

＊事例4　中学1年の息子がいるのですが、反抗期がひどくて、好きになれないのです。

　反抗は、暴力はないが、口答えがすごく、母親を馬鹿にしている。生活に乱れがあるし、だらしがない。私も息子も人の気持ちに敏感で、いつも気にしてお互いに疲れてしまう。土日に息子が家でごろごろしているので、嫌になり買い物に出かける。

〔背景〕
- 小学生のときにいじめにあい、一時、精神状態がおかしくなり、不登校になった。そのときは、人と目が合わせられず、物をカウントするなど数に執着していた。
- 今は中学に通い、友達もできて、部活にも行っている。
- いじめのことは、お互いに話さないようにしている。いじめの後の精神状態のゆれが激しかったので、思春期でもあるし、またそうなるのではないかと心配している。
- 事情があり、母子の2人暮らし。

◆資料4-5　ロールプレイに使用する事例

＊事例5　小学2年の娘がいて、普通学級に通っていますが、軽い遅れがあります。母親が前向きにならないといけないと言われたが、どうやってあげたらいいのか困っています。

　勉強についていくのが大変で、このまま普通学級でいいのかと、学校のこころの相談員に聞いてみたら、2年生の間はこのまま普通学級で頑張ってみてはどうかと言われた。友達同士の関係が大事、お母さんが前向きにならなければと言われた。

〔背景〕
- 学校から帰ると、遊び友達はいない。
- やってもやっても勉強を覚えられないし、親として張り合いがない。子どもは、勉強を教えると、嫌だ、うるさいと言うし、子どもを好きになれない。この週末、子どもから離れて、2泊くらいどこかに行きたい。本当に難しい子で、逃げ出したいと思うのはいけないことですか？
- 今、知的障害者のための療育手帳を申請したところ。デイサービスの利用手続きも行っている。

◆資料4-6　ロールプレイに使用する事例

＊事例6　母親同士の関係で何か難しくて……。そういう相談でもいいですか？

　歩くようになったので、外で遊ばせようと公園に行ったが、子ども同士を遊ばせると、親同士も仲良くしないといけないと思い、話してみたが、みな若くて話が合わない。行くのが嫌になった。私は、子どもと2人で遊ぶのがすごく楽しいから、無理して他のお母さんたちと仲良くならなくてもいいかなと思ってしまう。それはおかしいことでしょうか？

〔背景〕
- 結婚して10年目に男の子が生まれた。
- 1歳までは家の中で育てるのが楽しかった。
- 自分の生活ペースは変えたくないし、趣味の時間も大事にしたい。
- 子どもに友達ができないのはかわいそう。

◆資料5 振り返りシート

　このシートは、ロールプレイ終了後、自分の振り返りのために記入します。その後、記入したシートを参照しながら、グループごとにワークの振り返りをしてください。

聴き手（相談員役）をやってみて

	よくあてはまる	あてはまる	どちらともいえない	あてはまらない	全くあてはまらない
話し手の立場や状況をイメージできた					
話し手の気持ちを受け止められた					
適切な言葉を返せた					
話し手にとって無理のない流れだった					
話し手が相談できてよかったと思えた					

話し手（相談者役）をやってみて

	よくあてはまる	あてはまる	どちらともいえない	あてはまらない	全くあてはまらない
立場や状況をイメージしてもらえた					
気持ちを受け止めてもらえた					
返してほしい言葉が返ってきた					
一緒に考えてくれて、前向きになれた					
相談できてよかった					

オブザーバー役のメモ欄

◆資料6-1　**はがきコラージュインタビュー用紙**

制作日：＿＿＿＿＿＿＿＿＿＿＿　　制作者：＿＿＿＿＿＿＿＿＿＿

(1) 作ってみての素朴な感想

(2) タイトル

(3) 選んだ・作ろうとした意図の説明

(4) あえて、の説明（上記（3）とは異なったもの）

(5) パートナーからの感想

(6) その他

◆資料6-2　アンサーコラージュインタビュー用紙

(自分でパートナーにインタビューします)

制作日：＿＿＿＿＿＿＿＿＿＿　　　制作者：＿＿＿＿＿＿＿＿＿＿

(1) 作ってみての素朴な感想

(2) タイトル

(3) アンサーコラージュで作ろうとした意図

(4) 私の感想

◆資料7-1　パステル画のテーマ

♣虹を描こう
①はがき中央に黄色をゆっくり広げます。光が流れる感じでやってみて。
②上にはローズピンク、下はブルーで色の束を作りましょう。
③色が重なると別の色が出てきます。光の温かさをもう少し広げて。
④虹が空に出てきました。定着液で仕上げましょう。
⑤乾いたら透明の袋に入れます。

♣空を描こう
①脱脂綿に空色をつけ、画面全体にゆっくり広げます。
②力の入れ方や色のつけ方で、人によって随分違いが出ます。
③風の流れや空気の流れも感じられます。練り消しゴムを使うと雲も出てきますよ。
④黄色で光の色を入れたりしてみると、また違った空になります。
⑤深呼吸をしてみて、自分の好きな空をイメージして作ってみてください。

♣地平線
①紙片で地平線を作ってみてください。
②濃い青で塗り重ねると、いつの間にか地平線ができあがってきます。
③この地平線はどこまで続くのでしょう。
④向こうの島影が見えてきます。綿棒を使って、島影や山の連なりを入れてみて。
⑤また違う景色が出てきます。
⑥海上では鳥や船がいるかもしれません。波も出てきます。
⑦練り消しゴムや綿棒で作ってみてください。
⑧定着液で仕上げましょう。

♣夕焼けを描こう
①黄色で画面いっぱいに光の束を広げます。
②太陽が一日を終えて沈んでいきます。赤で、画面下から上へ塗り重ねてみ

て。
③今度は黄色で上から光の放射線を描きましょう。
④沈んでいく山々や周りの景色を青色で作りましょう。
⑤いつの間にか夕焼けの景色や壮大な平原が広がっているかもしれません。
⑥定着液で仕上げましょう。

❖クリスマスバージョン
①モミの木やポインセチアを描いて見ましょう。
②見本のように描いてみてもかまいません。
③自分で好きなように描いてみてもかまいません。
④直接描くのではなく、コラージュのように好きな絵を切り抜いてもかまいません。
⑤その上から脱脂綿で塗り重ねて、好きな色を作ってください。
⑥光や空気を周りに入れると、作った色は生き生きしてくることを楽しみましょう。
⑦定着液をつけると、素敵なクリスマスカードに変身します。

❖夏の名残バージョン
①朝顔の花を描いてみましょう。
②まずは、夏の暑い空気を感じましょう。
③はがき全体に、青色で色を置きます。
④その上から、ローズピンクで、朝顔の花から描きましょう。
⑤脱脂綿で塗り重ねて、色を濃くしていきます。
⑥直接、パステルクレヨンで形を整えてもいいですよ。
⑦プルシャンブルーで、つるや葉っぱを入れましょう。
⑧レモンイエローをその上から置いてみてください。
⑨葉脈は練り消しゴムで入れましょう。
⑩光や空気を周りに入れると、作った色は生き生きしてくることを楽しみましょう。
⑪定着液をつけると、素敵な夏の名残カードに変身します。

◆資料7-2　パステル画の配布資料の例

年　　月　　日（　）

パステルクレヨンでちょっと深呼吸！

　　やわらかな色合いの6つのパステルクレヨン。空の風や海の風景、夏の名残を描いてみませんか？　光や空気を感じ、色や形を創る中で、日頃の疲れも忘れます。優しい気持ちに気分もかわります。

　　描き方はとても簡単で独特。絵を描くのに、うまい、へたは関係ありません。自分も楽しめて、日頃の仕事にも使えます。対象は限定がありません。ご一緒に楽しみましょう！

【用意するもの】
・パステルの種類：ファーバーカステル社のパステル（ドイツ製）を使用。
　以下の6色

・・・・・・・・・・・・・・・　以下略（実際の描き方、テーマなど）・・・・・・・・・・・・・・・

〈参考文献〉

第1章・第2章
- 吉田ゆり（2009）子育て支援の展開とまちづくりの関連について　京都女子大学大学院現代社会研究科論集第3号
- 内閣府　少子化社会白書平成17年度版
- ※このほか、少子化社会対策、児童虐待対策については、厚生労働省、日本子ども家庭総合研究所、子どもの虹研修情報センター発行の各資料を参考にしている。

第3章
- 村瀬嘉代子編（1990）心理臨床の実践　誠信書房
- M・ローゼンフィールド／斎藤友紀雄・川島めぐみ訳（1999）電話カウンセリング　川島書店
- 柳田邦男（2002）言葉の力、生きる力　新潮社
- 鷲田清一（2001）「聴く」ことの力　TBSブリタニカ
- 河合隼雄・鷲田清一（2003）臨床とことば　阪急コミュニケーションズ
- 村瀬嘉代子・津川律子編著（2005）電話相談の考え方とその実践　金剛出版
- 森岡正芳（2005）うつし――臨床の詩学　みすず書房
- 森岡正芳（2008）ナラティヴと心理療法　金剛出版
- A・ターネル他／白木孝二他訳（2004）安全のサインを求めて　金剛出版

第4章
- J・クライン／諸富祥彦監訳（2005）インタラクティブ・フォーカシング・セラピー　誠信書房
- 広野裕子他（1995）電話相談による育児相談の評価と望ましい相談の

あり方について　平成６年度厚生省心身障害研究　少子化時代に対応した母子保健事業に関する研究
- Ｅ・ジェイコブソン／向後英一訳（1972）積極的休養法──リラックスの理論と実際　創元社
- 森谷寛之・杉浦京子編（1999）コラージュ療法（現代のエスプリ386）　至文堂
- 森谷寛之・杉浦京子・入江茂・山中康裕編（1997）コラージュ療法入門　創元社
- 藤掛明（2007）東京臨床心理士会子育て支援研修会資料
- 村山正治監修（2005）マンガで学ぶフォーカシング入門　誠信書房
- 近田輝行（2002）フォーカシングで身につけるカウンセリングの基本　コスモスライブラリー
- 中本千鶴子・小菅昌子（2001）響き合う色１・２・３　アトリエルピナス

なお、東京臨床心理士会「こども相談室」の活動報告としてまとめた以下の２冊も参考とした。

- 東京臨床心理士会（2003）臨床心理士による子育て応援──東京臨床心理士会「こども相談室」の試み
- 東京臨床心理士会（2009）臨床心理士による子育て支援活動報告──平成13年度から平成19年度

あとがき──編集を終えて

　2001年に東京臨床心理士会は「こども相談室」活動を開始しました。この相談室に会員が臨床心理士としてのそれぞれの経験を持ち寄り、相談に大事な視点を話し合い、確認し、活動を展開してきました。「聴く」ことから始まりました。よりよく「聴く」ためのトレーニングプログラムも作ってきました。まさに手作りの相談室です。

　2012年7月、この活動の中心的存在であり、精神的支柱であった佐保紀子さんを亡くしました。身近にいる私たちは佐保さんと「相談室のあり方」「相談やその聴き方」についてたくさん話し合ってきました。

　「相談には、受容的に聴く愛着関係の構築に始まり、相談者の課題整理を手伝いながら分離自立を促すという流れがある」、「上手に聴いていくと、相談者は自分の内なる答えに気づいていくことがある」、「相談はモノローグをダイアローグにしていくことであって、そうなっていくと、相談者は言葉の意味を捉え直し、白黒はっきりしなくてもグレイのまま抱えられるようになる」と。そして、「上手に聴く」とはどういうことなのか、「聴く」ことの捉え直しが必要だねと話してきました。

　本書は、その佐保さんが「こども相談室」勉強会講師として作成した資料が発端、中心となりました。それを「こども相談室」の仲間で原稿に仕上げました。今回、これを多くの方々に読んでいただき、私たちのまとめた「聴く」に対して、多くの意見や刺激をいただきたいと思っています。そしてこの「聴く」をさらに深めたいとも思います。

　今、多くの場で電話相談が行われています。私たちのまとめたこの「聴く」が少しでもお役に立てればと願っています。

　本書パステル画作品例のチューリップとあじさいはその佐保さんの最後の作品です。私たちのこうした思いが伝わりますように。

　最後に、私たちにとって初めての書籍の作成、編集作業を粘り強く支え、随所にきめ細かなご助言をいただきました創元社編集部の渡辺明美さま、

柏原隆宏さまには心よりお礼を申し上げます。

2013年3月

執筆者を代表して
高 田 真 規 子

◆執筆者一覧 (所属は2013年3月現在)

〔監修〕

片岡玲子　　　立正大学
　　　　　　　一般社団法人東京臨床心理士会会長

〔執筆および編集〕

一般社団法人東京臨床心理士会子育て支援専門委員会「聴くことからはじめよう」刊行委員会

伊藤三枝子　　社会福祉法人恩賜財団東京都同胞援護会
　　　　　　　東京臨床心理士会元子育て支援専門委員
片岡玲子
佐保紀子　　　元東京都心理職、元豊島区子ども家庭支援センター専門相談員
　　　　　　　東京臨床心理士会元子育て支援専門委員長
　　　　　　　2012年7月18日逝去
高田真規子　　東京都多摩児童相談所
　　　　　　　東京臨床心理士会元子育て支援専門委員長
吉田章子　　　小平市教育相談室
　　　　　　　一般社団法人東京臨床心理士会子育て支援専門委員長

〔執筆協力〕

一般社団法人東京臨床心理士会子育て支援専門委員会「聴くことからはじめよう」刊行委員会

秋山淳子　　　医療法人財団シロアム会
飯田　緑　　　国士舘大学
桂　　薫　　　臨床心理士
木内喜久江　　東京女子大学心理臨床センター非常勤相談員
近藤幸子　　　東京都スクールカウンセラー
佐々木葉子　　武蔵野市教育支援センター
鈴木亜弓　　　社会福祉法人東京家庭学校上水保育園

田村彫子	母子生活支援施設
直井裕子	荒川区立心身障害者福祉センター
山田清子	駒込学園

一般社団法人東京臨床心理士会について

　「東京臨床心理士会」は、1991年に発足した、東京都に在住・在勤の臨床心理士による職能団体で、2012年に「一般社団法人東京臨床心理士会」として設立登記をした。2013年現在で会員数は約4,300名。主な活動は、東京都スクールカウンセラーへのバックアップ研修をはじめ、各領域の会員への研修、被害者・被災者支援、自殺対策への協力、里親支援機関事業（東京都の委託）、心の健康電話相談などであり、住民の心の健康の保持向上への寄与をめざしている。

　「こども相談室」は、2001年に臨床心理士会では初めての常設相談室として東京都児童会館で事業開始、電話相談を中心に臨床心理士による子育て支援を重ねてきた。2012年11月には会独自の相談室を開室し、年間約800件の相談を受けている。

子育て電話相談の実際
聴くことからはじめよう

2013年5月10日　第1版第1刷発行

〈編　者〉　一般社団法人東京臨床心理士会

〈発行者〉　矢部敬一
〈発行所〉　株式会社 創元社
　本　　社　〒541-0047　大阪市中央区淡路町4-3-6
　TEL.06-6231-9010 (代)　FAX.06-6233-3111 (代)
　東京支店　〒162-0825　東京都新宿区神楽坂4-3 煉瓦塔ビル
　TEL.03-3269-1051
　http://www.sogensha.co.jp/

〈印刷所〉　亜細亜印刷 株式会社

〈装丁・本文デザイン〉　長井究衡
〈イラスト〉　片岡まみこ (まえがき・あとがき)
　　　　　　ちだちよ (第4章)

©2013, Printed in Japan　ISBN978-4-422-11563-4 C3011
〈検印廃止〉
落丁・乱丁のときはお取り替えいたします。

JCOPY　〈(社)出版者著作権管理機構 委託出版物〉
本書の無断複写は著作権法上での例外を除き禁じられています。
複写される場合は、そのつど事前に、(社)出版者著作権管理機構
(電話 03-3513-6969、FAX 03-3513-6979、e-mail: info@jcopy.or.jp)の
許諾を得てください。